在小事上犹豫不决让人"贫穷"，亏的是人生。

因为把精力浪费在不重要的决定上，就没有时间做正事了。

选择多吗？不但不多，甚至大多数时候，你都没的选。

因为没有选择的底气，你只有被选择的余地。

在这个世界上，不是你弱别人就要依着你，

不是你耍赖别人就要顺着你，不是你索取别人就得给你。

每个人都有自己的个性，没有人有义务时时刻刻迁就你。

人生中有很多失败并不是
因为自己努力得不够，
而可能只是因为暂时还没有找到
最适合自己走的那条路。

自尊都是靠自己努力获得的，

而不是靠自己强撑或者别人照顾给予的。

寂寞的时光是修炼心性和提升自我的最好时机。

只有在寂寞中沉下心来，才能感悟到人生的真谛。

无须炫耀，也无须比较，

只要认真过好每一天。

真正优秀、有修养的人不会随便地否定别人，

相反，他们会抱着最大的善意来发现别人身上的优点。

不要用
别人的脑子
思考
你的人生

采薇◎著

湖南文艺出版社
HUNAN LITERATURE AND ART PUBLISHING HOUSE

博集天卷
CS-BOOKY

图书在版编目（CIP）数据

不要用别人的脑子思考你的人生 / 采薇著 . -- 长沙：湖南文艺出版社 , 2022.3（2022.10 重印）

ISBN 978-7-5726-0580-2

Ⅰ. ①不… Ⅱ. ①采… Ⅲ. ①人际关系—通俗读物 Ⅳ. ①C912.11-49

中国版本图书馆 CIP 数据核字（2022）第 010462 号

上架建议：畅销·成功励志

BUYAO YONG BIEREN DE NAOZI SIKAO NI DE RENSHENG
不要用别人的脑子思考你的人生

作　　者：采　薇
出 版 人：曾赛丰
责任编辑：丁丽丹
监　　制：于向勇
策划编辑：刘洁丽
文案编辑：罗　钦　赵　霞
营销编辑：段海洋
封面设计：末末美书
版式设计：潘雪琴
内文排版：麦莫瑞
出　　版：湖南文艺出版社
　　　　　（长沙市雨花区东二环一段 508 号　邮编：410014）
网　　址：www.hnwy.net
印　　刷：长沙鸿发印务实业有限公司
经　　销：新华书店
开　　本：875mm×1230mm　1/32
字　　数：152 千字
插　　页：4
印　　张：8.5
版　　次：2022 年 3 月第 1 版
印　　次：2022 年 10 月第 2 次印刷
书　　号：ISBN 978-7-5726-0580-2
定　　价：48.00 元

若有质量问题，请致电质量监督电话：010-59096394
团购电话：010-59320018

序言
不要用别人的脑子思考你的人生

科幻作家刘慈欣在其著作《三体》中写了一段关于"降维打击"的故事：外星人使用"二向箔"，将太阳系由三维空间降至二维空间，以此对敌人进行毁灭性打击。

这几年，随着《三体》的热卖，"降维打击"也成为一个热门概念。

我一直在想，降维打击为什么厉害呢？其根本原因是人与人之间最大的差距源自认知。

认知能力决定了我们的思考能力，思考能力决定了我们的行动能力。如果把大脑看成一个系统，那么只有将我们的思维能力提升到更高维度的水准，才能带来智慧、行动等综合能力方面的跃升。

我有一个叫小敏的朋友，和我一样，来自农村。读书期间，她成绩不是太好，只考上了大专。父母以她是女生为由，让她读完大专就出来打工，不要继续念书。他们告诉小敏，不管她学什么，学到什么程度，最后出来还是要打工。既然都是打工，那不如早点出来赚钱，多积累点打工经验，以后不至于没饭吃。

幸好，小敏自己头脑清醒，没有接受父母的建议，而是坚持不懈地努力。别人睡懒觉，她在学习；别人在看剧、看小说，她在学习。她凭借自己的努力，拿到奖学金，兼职赚生活费和学费，大三时报了专升本考试，并成功取得本科学历。毕业后，小敏一边辛苦工作一边备考，又考上了研究生。

她说，她坚信普通人从根本上改变命运的方法只有读书。她的家人不支持她学习，也不支持她提升自己。因为认知的局限，他们只能看到眼前，从来没有进行过长远的规划。也正是因为他们想得不够长远，所以也不可能改变自己的命运。

小敏现在是一家上市公司的会计，靠着自己的努力和清醒的人生选择，在大城市成功立足安家。而对于那些曾和她在同一起跑线上的大专同学，命运仿佛在悄然间给出了答案。她说，虽然自己现在只是一个普通的白领，但是她的眼界更开阔了，掌握了专业技能，从工作中获得了更高的成就感、价值感和安全感。

而这些东西，正是她和老家的父母、曾经的同学拉开差距的主要原因。

现在小敏拥有的这一切，都源于她有独立思考的能力，没有盲从家人的意见。

其实，我们从构建自己的心智和认知能力开始，就会接触各种各样的价值观，面对各种各样的人生选择，开启各种各样的人生之旅。身边的人，也许会以各种各样的理由，让我们去接受那些"为我们好"的建议。但正如我们所经历的那样，这个世界上没有哪一种观点能完全适配我们当下的人生，每个人都有自己的路要走，每个人都要把人生掌控在自己手里。

如果有一件事我们不需要动脑，仅仅靠本能驱动就能完成，那可以想见，这件事的价值也不过尔尔。如果让别人来决定我们的人生，遇事选择随波逐流的话，在遭遇痛苦和意外的时候，谁又能来对我们负责呢？

所以，写下这本书，我希望能用一颗真诚的心来分享我的人生经历，将我对成长的思考展示给大家，让大家看到我在成长的道路上是如何慢慢挣脱过去的束缚，努力活得平凡但尽量不甘于平庸的。

非常开心，能用文字与正在翻阅这本书的你交流。愿这本小书能带给你一些思考，让你在迷茫的时候重新找回做自己的勇气。

采薇

2022年2月

目 录
Contents

第一章　别把精力浪费在不重要的决定上

大多数人之所以犹豫不决，
是因为做事没有精确的目标。

第二章　不是你的圈子就别忙着挤进去

不刻意合群，
是给别人留空间，也是给自己留余地。

第三章　成年人要懂得界限感

每个人都有自己的个性，
没有人有义务时时刻刻迁就你。

第四章　年轻的时候不要局限于稳定

命运馈赠你安逸生活的同时，
也收走了你实现梦想的勇气。

第五章　优秀的人，都是想到就做到

一个执行力强的人，
他的人生遗憾一定少很多。

第六章　懂得自律，才能获得真正的自由

做一个自律的人，
你会发现生活将不再束缚你。

第七章　见识了生活的凌厉，依然热泪盈眶

如果你觉得累，就离成功不远了。
不要停下来，再加一把劲。

第八章　幸福属于早就懂得人生本质的人

如果你一个人都过不好，
千万不要喜欢别人。

第一章

别把精力浪费在
不重要的决定上

大多数人之所以犹豫不决,
是因为做事没有精确的目标。

做擅长的事，
你就打败了95%的人

　　朋友君酱约我出门一叙。刚坐下，君酱就抓住我的手，眼泪扑簌簌地落了下来。我吓了一跳，忙问原因，原来君酱在公司的第三次考核中又没有通过，这意味着君酱要失去工作了。

　　"我该怎么办？没了工作就等于没了收入，我会饿死的！"君酱悲伤地哭着说，伏在手臂上的脑袋露出了丝丝白发。我心疼之余有些惊讶，君酱才26岁，这份工作已经把她折磨成这样了吗！在之后的时间里，随着君酱一边抽泣一边倾诉，我大致了解了全部事实。

　　君酱所在的公司是一个高端翻译机构，承接的是不同国家来往的商务文件的翻译工作，因此对专业水平要求非常高，一旦有一个单词翻译不对，就有可能影响到涉及上亿资金的合同的签订。君酱负责的部分并非核心条款，但就连合同条款格式，她也总是出错。很多资质和勤奋程度都不如她的同事都已经顺利通过考核，甚至已经小有成绩，只有她一直排在最末位。

"我究竟哪里没做好？我学意大利语7年了，一直认认真真，怎么会连那么简单的语句都翻译不好，我是不是太蠢了？"君酱擦掉泪水说，眼神中满是沮丧。

是啊，这究竟是为什么？我也疑惑。

君酱从小就属于"别人家的孩子"那类人，聪明勤奋，好学上进，成绩一直拔尖。但自从开始工作之后就好像遭遇了滑铁卢，且不说业绩上不去，还总是犯一些低级错误。公司对新员工只做两次考核，但看在君酱认真积极的分儿上，破例多给了她一次机会。没想到她还是没有通过，第三次考核结果甚至比前两次还差。君酱反复思考总结，却总是找不到原因。

一次次的失败把优秀而骄傲的君酱打击得自信全无。我正想着该怎么帮她，一个细节给出了答案。君酱的手边出现了两个用餐厅的抽纸折成的小裙子，一长一短，款式简约但设计感十足。这一幕我并不陌生，从我认识君酱开始，她的一双巧手就仿佛带有魔法，随便翻腾几下就能折出一件漂亮的衣物。再看君酱今天的穿着，上半身是迷彩混大红的宽松短袖衬衫，下半身是黑色的哈伦七分裤，脚上是一双酷酷的黑色马丁靴，一身打扮把多种矛盾元素融合得美丽又奇妙，不仅时尚感十足，更像是在宣告对平庸着装的蔑视。看，君酱就是这样一个即使心情很差，衣品也绝不会差的"酷女孩"。

于是，我试探性地问君酱："有没有想过做服装设计？意大利是时尚之都，你有语言基础，为什么不去试着发挥自己的设计天赋？"君酱一惊，她从没想过要从事服装设计工作，甚至没有关注过服装设计行业，那些小裙子折纸和自己的穿搭都是凭感觉尝试的。

我心里马上有了谱，君酱学习能力很强，一点都不笨，也不是不认真，之所以在翻译机构屡屡败给新人，是因为她在做自己不擅长的事，而错过了自己擅长的事——这一点从她不经意间就达到了别人苦学苦练也不一定能达到的服装设计效果可以看出。

很多人都说根本不知道自己擅长什么。但要找到答案其实非常简单，只有一条标准：你做这件事的时候，是困难得无法下手、一做就错，还是一上手就会、如鱼得水？别说什么热爱、高薪，一件困难重重、将你打击无数次的事情，再多的热爱都会被消磨干净，而且也不会有那么愚蠢的老板，一直给做不好事情的你发高薪。

只有擅长，才能在迈出第一步的时候就找到事情的关键。

要知道，不擅长这一点的人为了找到这个关键，就要花上无数的时间和精力，而且极大可能还是在做无用功。**当你在自己擅长的领域内无拘无束地挥洒才情时，看着那些在做无用功的人，大概也会像我一样觉得非常惋惜。同样是"萝卜"，找对属于自己的"坑"，才能获得比别的"萝卜"更充沛的阳光和水分。**

半年后，我再次受到君酱的邀约。这次，她不像半年前那样沮丧和悲伤，整个人神采飞扬，一双大眼睛里写满了自信和喜悦。原来她已经被米兰的服装设计学院录取，素未谋面的导师对她的设计初稿赞赏有加。因此，君酱在出国之前特意宴请我，感谢我为她指点迷津。我为自己的建议得到采用而感到喜悦，更打心眼里为君酱感到高兴。

再后来，我看到君酱在朋友圈里发了这样一句话：做擅长的事，你就打败了95%的人。

确实，当你还在为做不好一件事而苦恼时，请不妨停下来想一想：自己所做的事情是自己最擅长的吗？如果不是，请立即停止。因为无效的行动和毫无热情的机械性重复只会浪费你所有的热情和才华。

别把精力浪费在不重要的决定上

哈佛大学曾有一个研究，指出了9个令人变穷的原因，其中，第一个原因就是"犹豫不决"。

我见过这样一些人。点餐时，提前1小时打开外卖软件：川菜太辣，徽菜没味，粤菜太甜，韩餐麻烦，西餐太贵，点快餐又觉得对不起自己的身体……等别人都吃完了，他还在为吃什么而纠结。天气预报说第二天要下雨，但温度还是在30摄氏度左右徘徊，她犹豫：穿不穿短裙？是穿运动鞋还是厚底凉鞋？带哪把伞出门？坐地铁还是打车？……一晚上过去了，什么也没想好，第二天随便抓起一件衣服就急忙出门。好不容易盼到"十一"黄金周，却为去哪儿玩犯愁：城市周边游周末可以去，太远的地方人肯定多，近一点的地方没意思，网红景点是小孩儿才去的地方，小众城镇不安全……想来想去，过完了7天假期。

最终，犹豫该吃什么饭的人耽误了工作，被老板一顿骂；遇到雨天，走到地铁口又选择打车的人，因为迟到没拿到那个月的全勤奖金；不知道黄金周去哪儿玩的人，只能天天宅在家里。

在小事上犹豫不决让人"贫穷"，亏的是人生。因为把精力浪费在不重要的决定上，就没有时间做正事了。

心理学上有一种病症，叫作"选择恐惧症"，指一种不知道如何选择时，只要内心偏向某个选项，就会不停地自我否定的心理状态。"选择恐惧症"的本质是一种心理厌倦情绪。通常情况下，每一次在小事情上犹豫不决，都会让人产生生气、羞怯、嫉妒、嫌恶、焦虑等情绪，使人无法看清自己的真实意愿，更无法按照真实意愿行动。

美国有一项调查显示，人在一天中要面对70个选择。大到更换工作或者家庭住址，小到衣食住行，每时每刻我们都在面临选择。如果对每一个选择都要花费精力去纠结和犹豫，在短短的24小时之内，除了一堆厌倦情绪，我们还能收获什么？

那么如何才能从不重要的决定中解脱出来呢？

分清主次，聚焦关键

日常事务可以分为几个等级：第一，紧急而重要的；第二，紧急但不重要的；第三，重要但不紧急的；第四，既不重要也不紧急的。

把一天当中面临的所有选择，按照以上4个等级对号入座。再按照不同的级别分配相应的时间：紧急而重要的事务可以花4个小时以上；紧急但不重要的事务应当在2个小时之内完成；重要但不紧急的事务可能需要8个小时以上。这样一来，除去8个小时的睡眠时间，那些既不重要也不紧急的事务我们就只剩2个小时去完成。

结果是什么呢？时间都被花在"刀刃上"，人就会被迫迅速决定吃什么、喝什么，然后把大部分精力投入关键目标，从而为目标的达成赢得最大的可能性。

精准定位，不要为了扩大朋友圈而结交朋友

大多数人之所以犹豫不决，是因为做事没有精确的目标。

优秀的人无论做什么事都有自己的准确定位，比如做产品推广就要去寻找潜在客户，目的在于了解对方的需求；做编剧为了卖掉剧本，就要去寻找投资人，目的在于了解市场的定位和需求；做新媒体就要熟悉受众需求，不能只做自己喜欢的、擅长的，而要输出人们喜闻乐见的内容。

纯粹为了所谓扩大朋友圈而刻意结交朋友、与他人闲聊，只是在浪费时间做毫无意义的事。所以，大多数人无法做出选择，

原因在于脑海里没有想法，因为没有目标才会犹豫不决，从而让时间和精力白白浪费在无效的选择上。

自我批评，定期反思

在践行按事务等级分配时间的过程中，人会因为惯性思维而违反自己定下的规矩。不要紧，治愈"选择恐惧症"本来就不是一两天便能达成的目标。

使用"下次再……，绝不能……"的句式为自己记个账，把那些浪费你精力的小事简单下来。比如，今天刷微博和网友争论明星的八卦，花费了1小时；为了能节省10块钱邮费，和代购砍价半小时……在做完这些事情之后，加一句总结：下次再看到明星八卦，绝不能在网上留言；下次再买东西，绝不能为了10块钱而浪费半小时。

就像是学生时代整理错题本，记录、分析和回忆，久而久之就能够培养出定期反思的思维模式。这样不仅有利于让自己知道从前做错了什么，还能在下一次遇到相同事件时起到预警作用。

记住，别再把精力浪费在不重要的决定上，认真安排你的人生，你还有大把的美好时光要去感受。

没有方向的努力会拖垮你

瑞姐是我的前同事，做了5年的行政工作，腿长个儿高，五官立体，本该是举手投足都显出优雅的绝佳外形，但在她身上感受不到一点令人赏心悦目的气息，厚厚的粉底下面是遮不住的疲惫，二十七八岁的人活得像快50岁的人一样。

瑞姐变成这样是必然的。

我入职之后很久都没见到她，听说她去给老板看房了，寒冬腊月，顶着刀子似的北风在外面跑，一跑就是几个月。每天24小时待命，老板有事随叫随到，别说是基本的8小时睡眠，就连每晚踏实地睡上5个小时都难以保证。

不仅如此，瑞姐的饮食也毫无规律。上班时间是早上10点到晚上7点，瑞姐快10点时才吃早饭，然而12点就到午饭时间，所以她总是吃不下，任由自己的胃被消化不掉的早餐撑得胀气。等到她感觉饿时，已经是下午3点了。可即便到这个点，瑞姐的胃口也很一般，必须是酸辣或麻辣这种能极大刺激味觉的口味，才能吃得香。这一顿饭吃完，下一顿又得到晚上9点以后。

几个月前，公司推广一个大项目，瑞姐忙前忙后，累到吃不下任何东西，要靠喝葡萄糖水才能维持精神。到项目结束后，瑞姐也病倒了，就医结果是免疫力极低，健康状况极差，医生给她开了一堆叫不上名字的保健品。但是，瑞姐一吃这些保健品，脸上就疯狂长痘痘。无奈之下，医生只得强令她每天运动半小时，因为出一出汗，把毒素排一排，营养才能补得进身体里。

瑞姐一脸哀愁，哪有时间运动，睡眠时间都不够。

可是最后，除了老板在大会上不痛不痒的几句夸奖之外，"拼命三郎"瑞姐没有得到任何好处。瑞姐不服气，找老板面谈，老板一句话就把瑞姐问倒了，道："你的本职工作是什么？"

瑞姐哑然。

在公司5年，瑞姐干的都是前台的工作，复印文件、沏茶、买花、订餐。那么多年过去了，瑞姐除了把跟本职工作毫不相干的杂事做得纯熟，其他什么本事也没学到。

"你的职业方向是什么？"老板又问。

瑞姐彻底迷茫了。刚进公司时，为了给老板和同事留下好印象，她把很多自己职责范围之外的工作都揽了过去，久而久之，那些原本不是她分内的事，都成了她的日常工作。以至于到后来，她疲于应付不说，还常常因为事情太多，考虑不周而出错。岁月匆匆，转眼5年过去，同期进公司的同事要么成了部门经理，要么转岗去了业务部门，只有瑞姐一直在原地踏步。

最终，老板委婉地劝退了瑞姐，看在她是公司最忙最累的员工的分儿上，多补偿了她一个月工资，临了送给瑞姐一句话："好好找找自己的方向吧，再蹉跎下去就来不及了。"

这下，瑞姐的意志和身体一样，也垮了。明明那么努力，甚至连身体健康都付出去了，为什么到头来却是竹篮打水一场空？

这个问题我也问过自己，相信你也是。

谁的青春不迷茫？我们都是摸着石头过河，一步步走到现在。但迷茫并不可怕，可怕的是一直迷茫，甚至迷失了方向。这种感觉就像是在早高峰时搭地铁，人挤人、人推人，如果没有明确的目的地，到最后，所有人都离开地铁站走向各自的终点时，就只剩你一个人驻足原地，惶惶不安了。

更可怕的是，毫无目的的前行会在不知不觉间消磨一个人，不只是身体健康，还有信念和意志。这犹如一个怪圈，你顺着圆圈一直跑，从起步那一刻开始就冲着原点狂奔，你跑得越快，离原点就越近，那种忙碌的疲惫会带给你一种虚假的充实感。你以为自己在努力、进步，但事实是什么样的呢？等你终于筋疲力尽，期盼得到自己辛勤劳作后丰收的果实时，却发现自己跑了一大圈还停留在原点。你追赶的只不过是以前的自己而已，而能力却没有得到训练和提升。你在跑这一大圈中耗掉的时间和精力，就像丢进水里的人民币，什么回报也不会有。

选择比努力重要，清醒的认知和判断是实现目标的基础。如果你也是以长期透支健康来支撑工作的人，我建议你马上停下来，重新审视自己：你在做什么？你想要什么？那些吃掉的外卖和熬过的夜并没有让你的身体生长出不可替代的能力！

搞清楚这些问题的答案刻不容缓，因为身体健康或许还可以通过药物或锻炼重新找回来，但如果有一天，没有方向的努力让你的意志也垮了下来，就真的来不及了。

无畏付出，但不无谓付出

前一阵子，我回母校一趟，看到这样一件趣事：一位40多岁的大叔在教学楼前摆了一个小摊，摊上没有别的，只有几页纸，上面的字我记不太清了，但"永动机"三个字让我印象深刻。

教学楼前人来人往，没有人对这个小摊感兴趣，我成了唯一的观众。大叔以为我感兴趣，于是滔滔不绝地给我讲他的"重大发现"。他说自己潜心研究了十几年，证明了永动机是可以实现的，这个发现必将载入史册，可以解决人类的能源危机……

即便是文科生出身，我也知道永动机是不可能存在的。难怪来来往往这么多学生没有一个人停下来与大叔交谈，因为那只是浪费时间。任何认真学过高中物理的人都清楚，大叔的"重大发现"是一个错误。

但对于大叔这样的人，我从心底感到钦佩。能为了一个目标努力付出这么多年，这期间他受了多少苦，付出了多少心血，我无法想象，但我很清楚，他的付出没有意义，他永远得不到他想要的结果。借这个故事，我想探讨一个话题——我们到底该如何付出？如何才能不白白付出？

希腊神话里有这样一个故事：西西弗斯触犯了众神，诸神为了惩罚西西弗斯，便要求他把一块巨石推上山顶，而由于那块巨石太重了，每次刚接近山顶就会滚下山去，于是，西西弗斯就只能不断重复、永无止境地做这件事，他的生命就在这样一个既无效又无望的行动中慢慢被消耗殆尽。

西西弗斯的目标是山顶，但可悲的是那块巨石永远不能被推到终点，无论他多么努力，多么勇敢，多么坚持，那块巨石一定会滚落到山底。

作为读者，我们当然可以说"既然他推不动，就不要推了"这样的话，但这么说的前提是我们提前知道了结果，站在上帝的视角评论这件事。事实上，每个人都会面临西西弗斯的困境，只不过那块巨石变成了别的东西，譬如错误的目标。在这种情况下，我们的努力和付出可能只是在推一块永远到不了山顶的巨石。

　　我曾有一个同事是公司的劳模。他天天加班加到很晚，甚至凌晨一两点还在收发邮件。而他又是每天早上第一批到公司的人，就连周末也时常到公司加班。他的孩子上小学二年级，但他从来没有参加过学校的亲子活动。在他的世界里，工作是最重要的，家庭得靠边站。

　　老板在大小会议上极力称赞他，号召全体员工向他学习，可就是不给他升职加薪。时间一长，我就琢磨出其中的滋味了。这位同事的确是一头"老黄牛"，他同时负责好几个项目，凡事亲力亲为，跟着他做项目，大到项目创意，小到文案中的每一句话，他都计较，所以他每天加班，但手里的工作总是做不完，他做的项目也没有一个成为精品。

　　老板称赞他，只是想营造加班的氛围，让更多人拼命干活，给自己创造更多的财富。而那位同事，他将大量时间和精力花费在无用的事务上，既没有真正提高自己的核心竞争力，也没有为公司创造更多的价值，老板当然不可能给他安排更重要的工作，但他却陷在"老板很赏识我"的幻觉中，一遍又一遍地推着那块永远到不了山顶的巨石。

　　努力工作、努力付出当然很重要，怎么强调都不为过。**很多**

人都在努力付出，但是这些付出大多都变成了虚耗和自我感动。唯有把握好方向、找准机会的付出才是真正有价值的。

《大学》中说，知止而后有定，定而后能静，静而后能安，安而后能虑，虑而后能得。大致意思是，要了解自己的长处和短处才能确定目标，确定目标后才能心地宁静，心地宁静才能安稳不乱，安稳不乱才能思虑周详，思虑周详才能去实施，然后才能实现目标。

要习惯深度思考，永远不要用战术上的勤奋掩盖战略上的懒惰。当你在学习、职场、自我认知方面掌握了深度思考的能力之后，就可以游刃有余地掌控自己的工作和生活。在当今社会，互联网上充斥着各种各样的信息，利用好这些条件，多多学习、借鉴别人的思路，对人生路径有更认真、清晰的思索，做好人生的规划，大胆地无畏付出，但不要无谓付出，这样你的努力才不会成为镜花水月，明天的你才会感谢今天的付出。

人生没有太多试错的机会

朋友的远房表弟不知道第多少次找他借钱，这次的理由和之前一样，还是发现了某个商机，想要创业，现在已经凑了大部分资金，只要表哥帮忙凑上一些，项目就可以立刻启动。朋友问表弟要借多少，他表弟回答：有多少就借多少。

朋友哭笑不得，他这位表弟从大学毕业起，创过的"业"有在路边摆摊卖特色小吃、开影楼、做远程网页设计、办民谣乐队、开酒吧……涉足十几个行业，如今已为人父，但负债几十万，一事无成，人却还像初涉社会的大学生，整天不是在寻找商机，就是在寻找商机的路上。鉴于此，已经借出大几万却没有收到一分投资红利的朋友这一次捂紧了钱包。

朋友表弟创业失败的原因五花八门：业务不精、怕苦怕累、人心不齐、市场饱和……可无论是什么样的原因，十几年光阴转瞬即逝，他都到了上有老下有小的尴尬年纪。每天一醒来就有花销，目之所及都是需要依赖自己的家人。他碌碌多年，在各个行业尝试，到头来在各个行业都是新手，想找个地方打工，却发现竞争对手全是"00后"。看到年轻人朝气蓬勃、精神饱满的样子，力不从心之感不由自主地涌上心头，怎么都甩不掉。

放眼望去，大部分和朋友表弟一样在20多岁步入社会的青年人，花几年甚至更少的时间就能完成人生试错，然后在年及30岁时自立于世，承担起对自己、对家庭的责任。这是因为大部分理性的成年人都明白，人生并没有太多试错的机会。

20—30岁被称为人生的黄金年龄段，这是由于人一般会在这个年龄段从一个懵懂无知的少年成长为一个学识、资历、人脉都积累到一定程度的青年，加之精力充沛、闯劲无限的"硬件"条件，使得社会对这个年龄段的人接受度和喜爱度都达到了最高。因此，在这10年间出现的几次关键机遇是能够影响一个人的一生的。

对于那些大器晚成的人，年过30岁之后，人脉资源渐丰，各种机遇增加，如果可以好各种资源和机遇，与人为善，虽不说八面玲珑，至少也能做到游刃有余。我们都希望过上自己想要的人生，成为自己想成为的人。但人非圣贤，孰能无过？**你可以趁着年轻允许自己犯错，不过，不要一直犯错，毕竟时间那么短**

暂，机遇那么稀缺，你能允许自己错几回呢？时光匆匆，不敢试错太多的人，已经开始逼着自己"试对"了。

"试对"不是转发"锦鲤"[1]或者撞大运，一次走对人生之路。而是无论基于什么原因，在选择了一个方向之后，努力真正去了解、热爱，真正去认真做好每一件小事，用自己的努力把"试错"转变为"试对"。你会发现，这次"试对"可能就是你人生中最美好的一次机遇。

别再相信"生活永远在别处"这种话了，生活在你自己手里，别让多年后的你讨厌现在的自己。

---

[1]　网络用语，通常指好运。——编者注（本书注释若无特殊说明，均为编者注。）

你不是选择太多，
而是缺乏选择的底气

前一段时间偶然见到高中同学某君，他大学毕业六七年了，居然还处于待业状态，并且认为只要自己愿意，就能拥有很多选择。

大四下学期，他选择了考研，结果没进复试，一直在调剂；后来他想出国读研，手续办到就差签证环节，结果放弃了；闲下来一阵子之后，他又说要去部队当兵，过几年可以提干。

其实，即使所有的计划都泡汤，他也可以一边打工一边准备再考研。但结果是，他没有选择上述任何一种生活，只是在一个离家近的小城市待着。在那里，他没有正式工作，也没有全身心复习备考。第二年又没考上研究生，工作也依然没有起色。

就这样过了多年，直到我见到他，他还是存在侥幸心理，认为自己拥有多种选择，而且觉得只要他愿意，选了就等于选上。

这是一个信息爆炸的时代，大到人生方向，小到一饮一食。对于每一件事，我们都可以通过网络获得无数的信息，这些信息好坏难辨、真假难分，逼着人只要一睁开眼，就要思考到底该做什么样的选择。

穿衣，价格从网购的几十块到实体店的几万块，只有你想不到，没有别人做不出来的款式；饮食，打开外卖软件就能点到各地的特色菜，酸甜苦辣，风味十足；住宿，商家就像你肚子里的蛔虫，你喜欢的装修风格他们那儿都有；出行，只要你愿意，从家门口到目的地，也就是一抬腿的距离。

选择多吗？多。种类齐全、琳琅满目，商家的制胜秘诀就是快你一步，想到你所有的需求，所以，当你面临无数选择时，常常会无所适从。

一个有名的销售大师曾做过一个这样的实验：在两种新品饼干投入市场之前，第一种饼干以常见的水果和蔬菜为参照，做出30个不同口味；第二种饼干只做出原味、咸味和甜味3个基础口味。将两种饼干投入市场之后发现，第二种饼干销售量极高，顾客比较青睐基础口味的饼干，而费尽心思做出30种口味的饼干，却少有人问津。

作为消费者，我们并不难理解出现这种现象的原因。面对只有3种口味的饼干，你很轻易就能做出选择，知道自己想吃哪一种，清晰明了、干脆利落。然而，当我们面对30种口味的饼干时，就会不由自主地开始对比，比口味、比热量、比价钱，甚至比包装，比来比去可能购物欲都没了，毕竟我们不会一次买齐30种口味的饼干全都尝一遍。

选择饼干尚且如此，人生选择更不用说了。

30袋饼干让你付出的代价可能只是几百块钱和多长几两肉，可是人生呢？面对人生的关键节点，你很可能连一个选择都做不了，只能任由命运安排。

比如，高考成绩出来之后，发现自己的分数并没有达到理想的水平，你向往过清华、北大，为浙大、复旦奋斗过，对厦大、中山有过规划，但结果呢？以自己的分数为基准，权衡一下能被录取的大学，家长、老师轮番对你提意见：选专业既要考虑学费，又要考虑就业前景；选学校既要顾及实力，又不能不在乎名气。选来选去，最后只剩一到两个选项，你的个人爱好、理想直接被踢出考虑范围。

大学即将毕业时，面对成百上千的企业招聘，你想要不错的待遇，想有发展前景，公司最好离家近一些，如果能和同学一起进就更好了。顶着烈日筛选了好几轮，你发现满足自己条件的企业你进不了，能进的企业你不满意。

到了谈婚论嫁的年纪，身边的同学、朋友纷纷走进婚姻的殿堂。这时候你才发现，自己倾慕的那种剑眉星目、风采翩翩的少年早已成了别人的丈夫，而介绍人鼓励你去认识的通常是自己很不满意的人。

选择多吗？不但不多，甚至大多数时候，你都没的选。

因为没有选择的底气，你只有被选择的余地。

谁都想上名校，但在这种愿望背后，付出艰辛努力并实现目标的人凤毛麟角；谁都想要好工作，但在大学四年刻苦、自律，对自己的未来进行科学规划的人只是寥寥少数；谁都想拥有一个才貌双全的另一半，但能时刻反思自我，由内而外修炼自身的人屈指可数。那些不为人知的艰苦付出为他们积累了在众多选择面前自由选择的底气，他们可以不必犹豫和纠结就冲着最好的去，他们选得起，因为他们有底气。

希望此刻正在阅读本书的你，也能拥有这样的底气。

活在当下，
才不会迷失方向

有一名男学生，他总是看不到未来的希望，也不知道从哪里开始努力。在他的生活中，充满了焦虑、茫然和不知所措，永远在担心自己通不过考试，担心自己未来无事可做。只要一睁开眼睛，他感受到的都是对生活的绝望。可事实是，他的考试并没有不及格，之后的际遇也不像他担忧的那样毫无希望。

1871年春天，这位学生读了一本书，书中的一句话宛如给了他当头一棒：**最重要的就是不要去看远方模糊的风景，而是做好手边清晰明白的事情。**

这句话让他茅塞顿开，找到了生活的希望，抓住了一点做事的心得。在此之前，他一直没有发觉，很多时候，他都是在过分担忧未来的困难，而不是做好当下的事情。

其实，很多事不是你看到了希望才去做，而是去做了才会有希望，只要活在当下，生活就是一件非常值得期待的事。从那以后，他不再为未来感到担忧，而是抓住眼前的一切，做好手边的事情，从而使自己的命运发生了翻天覆地的改变。再后来，他创建了全世界知名的约翰·霍普金斯大学，成为牛津大学医学院的教授。

他就是威廉·奥斯勒爵士，20世纪医学领域的大师，也是现代医学教育的鼻祖。

几十年后，威廉·奥斯勒在耶鲁大学举办了一场演讲。在演讲中，他说：

"别人总说我一定有一个异于常人的脑袋，不是的。熟悉我的好朋友都知道，我的脑袋再普通不过了。那么我成功的秘诀是什么呢？如果人生是一次远航，那每一个人的生活都要比一条轮船复杂得多，而且要走的航程也遥远得多。如何让自己的航程安全？答案就是学会控制自己，生活在一个完全独立的今天里。

"想象一下，你就站在一个驾驶舱里，你的手正握着一只船舵，这只船舵将控制你人生的航向。驾驶舱代表你的今天，周围还有许多船舱，代表过去和未来。你想好好开船，但是注意力总是被其他的船舱吸引，你的前方有迷雾、有礁石，还有旋涡，稍不留意就可能偏离航向，甚至撞毁船只，这时该怎么办？假如可以通过按钮控制这些船舱，你按下一个按钮，一道铁门落下，把左侧的船舱隔断——隔断那些已经逝去的昨天；按下另一个按钮，又一道铁门落下，把右侧的船舱隔断——隔断那些尚未来临的明天。

"现在，你完完整整地拥有了驾驶舱，拥有了今天，不必再悔恨昨天的遗憾，不要再担心明天的压力，这样你才能专注于开好今天的船。"

这就是威廉·奥斯勒提出的"一个人独立的今天"的概念，它在提醒你专注于今天，活在当下。

我有一个从小一起长大的小伙伴L，我们上了大学之后就失去联系了。直到某年回老家过年，我们才又重新联系上。多年不见，L的眼角出现了一些皱纹，身材也开始发福，不再是当年那个美丽的少女了。

我们毕竟一起长大，很快就没有了隔阂。L说起这些年感情的挫折，屡屡遇到渣男[1]，草率结婚又仓促离婚，如今家里一地鸡毛，工作也不顺利。L苦笑着说，她特别想找电影里的那种催眠师，让她忘记过去，重新开始生活。我建议她到北京、上海、

---

[1]　网络用语，通常指玩弄感情的男人。

广州这样的大城市闯一闯，这样她就可以斩断与过去的自己的联系，开始新生活。但是，她觉得自己无法适应大城市的快节奏，想想就觉得很累。我又建议她考考证或者再提升一下学历。她又说自己年纪大了，学不动了。几番来回，我终于明白，她把自己卡在了两块巨石中间，一块叫"过去"，一块叫"将来"，她已深陷其中，动弹不得。

出于趋利避害的本能，我们对快乐的记忆总是转瞬便遗忘，而对伤痛的记忆却总是深刻持久。这样，我们才能远离那些伤害我们的事情，但如果那些伤痛和恐惧太强，就会成为很难抚平的伤痕。

如果可以克服这些苦难，在各种伤痛中成长，变得更加坚强，我们的人生旅途也就会变得更有意义。

过去终究过去了，我们再痛苦也无法改写历史。而未来还没有到来，我们再担忧也无法让未来事事如意。所以，何必对无法改变的事情耿耿于怀？ 不如放下对过去和未来的焦虑，养成轻装上阵的习惯，生活在完全独立的今天里，集中所有的智慧、热忱，把今天过得尽善尽美。我相信，这样的你很快就能摆脱痛苦的过去，而且也不会得到一个太差的未来。

第二章

不是你的圈子就
别忙着挤进去

不刻意合群，
是给别人留空间，也是给自己留余地。

不是你的圈子就别忙着挤进去

我们的生活被不同的人分割成不同的圈子，你有你的圈子，我也有我的圈子。圈子和圈子之间存在着看不见的边界和规则，如果与圈子里的人不具有共同点，就无法理解这种边界和规则，更遑论加入圈子了。

小雅是公司新来的人事助理，报到第一天，经理就叮嘱她，人事工作是一门技术活，做好工作的前提是处理好人际关系。小雅牢牢记住经理的话，一门心思地想着和同事搞好关系。但凡遇到同事一起聊天，无论什么话题她都要参与进去聊两句。一开始大家都很愿意和她聊天，但一段时间之后，同事们都开始不耐烦，和她的聊天也慢慢变成了敷衍。

某天午饭时间，公司的几个业务员聚在茶水间聊起当下一款热门的对战类竞技网游，什么走位、操作、战术、C位等词一个个蹦入小雅的耳朵里，小雅似乎在网上看过，却完全不懂这些词的意思。但看到同事们谈笑风生，小雅又凑了上去，硬生生地打断同事的话，开始和大家聊。

她先是表达了她对游戏的喜欢，虽然同事问她在游戏里喜欢玩哪个位置的时候她有些结巴，但总算是应付了过去。但当同事开始吐槽游戏中遇到不靠谱的队友有多气愤时，小雅却说，因为她是女生，打游戏的时候队友都会让着她，不但好东西都会让给她，有危险还会挡在自己前面。

此言一出，就像炸开了一个冰窖，气氛立刻降到冰点，没有人再接话，几位同事的脸上满是诧异。小雅不知道自己说错了什么，被这种气氛吓住。良久，小雅堆上满脸笑容，正准备开口，却发现同事们纷纷默契地起身，离开了茶水间。

小雅追出去，拉住走在最后的女同事询问原因，女同事有些无奈地告诉她，玩游戏的都想赢，队友和她不存在竞争关系，根本不会让着她。而且在这种竞技网游里，资源都集中在输出最高的玩家身上，就是为了最后带领队伍走向胜利。没有人会以"自己是个女生"为由要求特殊照顾，毕竟，女生玩游戏也想赢。小雅刚才的话漏洞百出不说，还犯了玩游戏的大忌讳——自己不负责任，也降低了队友的游戏体验。

小雅觉得自己很无辜，这些她都不懂啊。女同事叹了口气，留下一句话：**不懂的话可以不说，不是你的圈子就不要硬往里**

挤，免得被别人看轻，让自己难堪，想想都觉得尴尬。

小雅的故事只不过是生活百态的一个缩影，在我们身边，甚至在我们自己身上，都多多少少发生过一些强行加入别人圈子的尴尬事件，有时候连自己也意识不到。

物以类聚，人以群分，古人早在几千年前就总结出了人际交往的基本原则。人的一生会认识很多人，经历很多事，面对陌生的圈子，有好奇心在所难免，这种好奇心会促使我们想进入别人的圈子一探究竟。可是当我们接近时，就会发现自己无论如何都挤不进那个圈子，那些我们认为有效的方法在别人眼里可能都变成了笑话。在这样的拉扯中，我们能收获的，除了更多的疑问和不愉快，什么也没有。

所以，何必呢？

其实我们什么都没有做错，和圈子里的单独个体相处也没有任何问题。但圈子有它自己的边界和规则，一味好奇，使蛮力想要突破这种边界和规则，注定不会得到好结果。

朋友说起一个小企业老板，他一直想要加入一个企业家联盟，但加入这个联盟的门槛非常高，里面的成员几乎都是"世界

500强"企业的总裁。小老板很聪明，人脉也很广，多番活动之后终于找到一个合适的时机，宴请联盟里的主要人物，希望与他们拉近关系，以便自己加入联盟。

宴席上，小老板为了表现自己的诚意，包下了五星级酒店里所有的鱼子酱和鹅肝酱，足足有20斤之多。用大海碗盛着，放到长桌的最前端，还在一旁立了个牌子——任君享用。结果，小老板的宾客一到，看到两个大海碗，瞬间没了食欲，对小老板也敬而远之了。

虽然其行为可笑，但小老板并没错，只要他负担得起，买多少鱼子酱和鹅肝酱是他的自由。但在商务宴席中，鱼子酱和鹅肝酱作为佐料，只需要一勺的量，就能让食物变得美味。小老板削尖了脑袋往那些总裁的圈子里挤，结果只收获了一个"土大款"的讽刺称号。

世界很大，圈子很多。不刻意合群，是给别人留空间，也是给自己留余地。与其往不适合自己的圈子里硬挤，不如留点时间修炼自己，让圈子主动来找你。

交浅言深，话多是非多

同事聚会，一个刚毕业的女孩在饭桌上特别活跃，叫这个哥喊那个姐，一副自来熟的样子。酒过三巡，众人的话题也渐渐放开来，从八卦娱乐到行业趣闻，再到公司里的趣事。女孩打听领导的一些事情，不涉及私密的，众人倒是没有保留，也算是给她提供一些基本信息，方便她以后开展工作。

可能是见我好说话，女孩借着敬酒的机会，打听起公司的薪酬来。我觉得这个话题过于私密，已经超出了我和她能够谈论的话题范围，于是拒绝了她。没想到她嘟起了嘴，觉得我太过小气。

其实不是我小气，只是我和她刚认识，我不了解她的为人以及她问这个问题的目的，不可能轻易将我的隐私透露给她，万一我的话被传到老板耳朵里，该怪谁呢？

大部分公司都实行薪资保密制，员工之间一旦互相透露工资，就意味着混乱的开始，每个人都会不服气，觉得自己干得多拿得少。如果老板知道是你透露了公司的秘密，以后会怎么看你呢？

　　人与人相处切忌交浅言深，千万别给自己招惹是非。

　　小C被一个有妇之夫欺骗，甚至为这个渣男堕胎，身体很虚弱。公司的一个大姐看小C脸色苍白，就给她带了几次饭。小C心存感激，把大姐当成了知己，把自己所有的事情都跟大姐说了。可没想到几天之后，小C的事情在公司里传遍了，小C也成了众人眼中的"小三"。小C找到大姐质问了一番，大姐却说自己只是随便聊聊，也嘱咐过别人不要说出去，要怪就怪那个人多嘴。

　　小C以为自己遇到了知心的朋友，将秘密都倾诉给对方，最终的结果却是秘密被宣之于众，不得不承受恶意的目光。

　　孔子说过："不得其人而言，谓之失言。"意思是倘若对方不是交情很深、彼此相知的人，你还对他畅所欲言，以快一时，这就是失言。而失言的后果，从小C的境遇可见一斑。

　　贸然将自己的隐私告诉与自己关系不熟的人，一方面会给自己带来麻烦，甚至危险；另一方面也可能会让陌生的对方感到尴尬和难以接受。

有这样一则笑话，某男子看到公司新来的女同事长得很漂亮，于是总去套近乎，把自己的底透得差不多了。有一天，看到老板进来，他就悄悄对女同事说："看我们老板，又胖又秃，还那么抠门，谁肯嫁给他啊！"没想到，女同事说："我，他是我老公。"这位男职员的下场可想而知。

成年人的关系错综复杂，很多时候，一句无心的话都有可能刺激到别人，如果不是对对方知根知底，那么还是谨言慎行一些为好。**人生处处有"地雷"，如果你没有被炸伤，只是因为你还没有踩到，而不是因为你拥有"避雷"体质。**

人越长大就越难交到朋友，成年人出于自我保护的本能，会披上一层坚硬的麟甲，如果你想和别人交心，就得脱下这层麟甲，不过，这样一来你就变得不设防了，外界就能轻易地伤害到你。这就是为什么我们在社会上认识了那么多人，却只能和一小部分人亲密无间。

都说小孩子敏感，但成年人更敏感。一个不太熟的异性同事婚姻出了问题，你去问候："你们之间怎么了？夫妻之间要多包容。"这种话恐怕没人喜欢听，你可能会莫名其妙地从此变成这位同事眼中的"讨厌鬼"。更倒霉的是，如果别人以为你对这个同事有意思，甚至想乘虚而入的话，那你才是跳进黄河也洗不清了。

其实，我们都受过交浅言深的苦，每到过年亲戚大聚会，七大姑八大姨甚至八竿子打不着的人都会来问你：什么时候结婚？什么时候生小孩？一个月赚多少钱？在哪里买房子？每次我们都被这类话折腾得苦不堪言。明明和他们没多少交情，他们却偏偏看似很熟地来打听我们的隐私。

亲戚的话最多是让你不堪其扰，但职场中的交浅言深就没那么简单了。如果一个不是很熟的人忽然在你面前谈论是非，那么就需要警惕这个人：他为什么要告诉你这些？他有什么目的吗？

人与人之间的相处，就像两只刺猬，需要不断调整各自的位置，才能既不伤害对方，又能相互取暖。

远离是非很简单，只要做到这两条：在与人交情尚浅时，三缄其口；在别人对你交浅言深时，保持距离。

太过高调的人，
人缘都不怎么好

知乎上有一个问题：什么样的朋友圈最令人讨厌？我浏览了几个获赞量很高的回答，发现大家都表达了同一个中心思想——高调炫耀的人。无论是财富、爱情，还是宠物、学校、风景，一天发一两次是分享，一天发很多次可能就是在高调炫耀了。

我的朋友圈里也有一个这样的人，就叫她琳达吧。认识她是因为时常在她的微店里买一些小玩意儿，为了下单更方便就在微信群里找到她，加了微信。我很长一段时间都没有注意过她的朋友圈，但后来我不得不对她的朋友圈"重视"起来。

那是在中秋节前后，她开始以每天最少发8条朋友圈动态的频率"分享"她和未婚夫的欧洲之行，每到一处新地点，她的朋友圈动态都会配上机票、风景、酒店、食物和自拍照片。自拍发得最多，一条九宫格图片的动态往往是不够的，得连续发两三次才行。从她无论身上穿什么都喜欢在头上加一块白纱可以看出，她的婚期将近了。

起初，我抱着祝福的心情每天浏览被她刷屏[1]的朋友圈，感受她激动的待嫁心情。等了20多天，终于等到了她的婚礼。本以为一场盛典之后，我的朋友圈会归于平静，但事实证明我还是太天真了。

拍婚纱照，琳达以每天最少10条的频率发了一周，不仅有九宫格照片，还有不同配乐的小视频；婚礼前与朋友见面，琳达以每天最少5条的频率发了3天；婚礼场地小视频，她发了一天，每次四五条；终于到了婚礼当日，她又连着发了一周，还是风景、食物、场地和自拍照片的搭配。除了照片和小视频，她还专门剪辑了不同版本的婚礼MV，发到了公共视频播放平台，当然，也将视频链接发到了朋友圈。西式婚礼的流程走完，再回国举行中式婚礼，她又把以上发朋友圈动态的程序重复了一遍。

以上过程整整持续了40多天，在朋友圈刷屏也刷了四十几天。别说是祝福的心情，我连最后一点耐心都被她消磨掉了。

有人问我："为什么迟迟不屏蔽她？"那是因为刚开始时我

---

[1]　网络用语，通常指在网上短时间内发布大量重复、类似或无意义的信息。

确实很想祝福她，到后来心态变了，开始和她较上劲儿了，就想看看她到底能刷屏多久。琳达的中式婚礼结束之后，我本以为她的朋友圈终于可以恢复正常了，我又可以看到她日常发的那些精致的小玩意儿了，可现实又一次让我出乎意料。

没消停几天，因为某个综艺节目到琳达举行西式婚礼的地点取景，琳达非常兴奋，于是在朋友圈里把当时的婚礼资料又发了一遍。我终于忍无可忍，删除了她。

后来我回忆了一下这件事的时间节点，居然是从前一年的中秋，持续到了第二年的春节。

在这个时间段内，我和琳达共同的微信群里有几十个人都在议论她的行为，有好言建议的，有真诚提醒的，也有直接反对的，可是琳达一概不理，还是继续发。最终，群里很多人都表示已经删除了她，还有一些人连微信群都退了。

没有人不允许她在举办婚礼时兴奋、感动，也没有人反对她分享照片，可是在将近5个月的时间内如此高调、反复地炫耀自己的婚礼，这必然会引起周围人的不快。

在我身边，那些生性高调的人都没什么朋友。他们或许因为财富而高调，或许因为成绩而高调，或许因为幸福而高调，但无论高调的原因多么合理、正义，高调这个行为本身就具有排他性，这样的人怎么能得到好人缘呢？

人们不喜欢高调的人，认为他们令人反感，是因为人们认为，**高调的人在过分炫耀自己，仿佛在强调"你们都没有，只有我有"的优越感，从而让其他人有一种"低人一等"的感觉。**

炫耀的潜台词是"我比你们都好"，传达了高调的人对周围人的轻视和不尊重。

人与人之间的情绪是相互的，无论是喜欢还是讨厌，一个人内心产生这种情绪，另一个人一定能感觉到。好人缘是建立在被大家喜欢的基础上，试问有谁会喜欢蔑视自己的同伴呢？由此可见，要想收获好人缘，还是低调一点好。

差别对待，减少无效社交

"无差别对待"这句话一度在网上非常流行。大多数网友在讨论一些社会热点问题时都会说，希望男女被无差别对待，希望不同地区的高考生被无差别对待，希望不同职业的人被无差别对待，等等。其实大家只是想表达公平而已。而"无差别对待"这句话，并不是任何时候都能"无差别"适用，尤其在人际关系上，绝不要迷信"无差别对待"，那会让你吃大亏。

在生活中，每个人都扮演着不同的角色，儿女、父母、朋友、上下级等。对儿女有耐心，对父母孝顺，对朋友真诚，对同事负责，处于不同角色时，有差别地对待身边的人，这是我们天生就会的，不用学习也能运用自如。可是，在面对同一群人或者同一类人时，我们往往就会将这个界限模糊掉，忘记自己应该有差别地对待别人，在无形中给自己增添很多不必要的麻烦，让自己被人际关系所累。

　　柚子和小麦是同事，也是合租舍友。每天24小时几乎都在一起，关系自然很亲密。柚子做得一手好菜，小麦在厨艺上却一窍不通。为了两人都能带饭到公司，两人合计之后决定：小麦每天交给柚子20元伙食费，由柚子负责做饭。

　　同事小梨听说之后，也想加入柚子和小麦，请她们俩在做菜时多加一点分量，3个人一起吃。小麦觉得并不费事，于是欣然答应了，也向她收取每顿20元的伙食费。

　　没过几天，另一位同事梅梅听说了这件事，也提出要加入她们。柚子担心自己的工作量太大，但小麦觉得，同样是同事，答应了小梨，不答应梅梅可能会被说区别对待，于是只得答应下来。

　　但是后来一传三，三传十，没过半个月，柚子已经日入200元，而她需要做的饭也从两人份变成了12人份。刚开始，她还为这份"外快"感到欣喜，但时间一长，每天下班回家还要做饭做到11点，第二天再将大包、小包带到公司，她的时间和精力被大大消耗，连工作时都觉得疲惫不堪。

　　终于，柚子提出了抗议，但小麦依旧担心会得罪同事。柚子觉得，她愿意给小麦做饭，最主要的原因就是自己和小麦的关系不同于普通同事，而现在那么多同事加入进来，她觉得自己和小麦的关系似乎都没有以前亲密了。虽然同样是20元，但她只愿意给小麦做饭。

于是，柚子拒绝了同事的要求，对小麦和其他同事采取了差别对待。这样一来，柚子又恢复到从前的生活节奏，多出来的时间和精力让她得到了充分的休息，工作也重回正轨。

可见，"有差别对待"能为你节省时间和精力。不仅如此，"有差别对待"还能让你远离麻烦和纠葛，保持平静的心情。

网上流行着"中国式四大名句"："来都来了""大过年的""还是孩子""给个面子"。我想加上一句，叫"都是朋友"。在我们的生活中，即便都是朋友，也一定有亲疏远近之分，男的和女的，认识早的和认识晚的，能保守秘密的和不能保守秘密的，都能成为划分标准。

可周磊并不这么认为。

周磊是一个聚会组织爱好者。每逢周末他都会绞尽脑汁地想节目，把自己和妻子的朋友全都拉到一起聚会。他的口头禅就是"都是朋友，一起玩才热闹"。而且既然都是朋友，总不能只照顾一个而不照顾另一个吧！于是，他每次都会细细了解参加聚会的人有什么娱乐、饮食上的偏好，然后制定方案，把每个人都照顾得妥妥帖帖，朋友们自然也都很享受。

　　但久而久之，问题就出现了。周磊的哥们儿居然爱上了妻子的闺密，妻子的闺密似乎也有那么点儿意思。可妻子的闺密是有夫之妇，而且闺密的丈夫也会参加周磊组织的聚会，还和周磊的关系非常不错。

　　这下周磊为难了，两边都是朋友，到底该怎么办？想来想去，周磊决定无差别对待，既然已经看出了妻子闺密和自己哥们儿之间有问题，为了不让闺密的老公蒙在鼓里，周磊决定将事实告诉他。

　　闺密的老公知道这件事后，请周磊帮忙劝妻子回归家庭。无奈的周磊只得再次进行无差别对待，奉劝妻子的闺密不要背叛家庭。

　　一来二去，这段"狗血"的三角关系把周磊折磨得焦头烂额，整天感慨真爱不易，甚至还怀疑起自己的婚姻来，实在让人可笑又可叹。

　　"都是朋友"，可男性朋友和女性朋友不同，已婚和单身的朋友不同，周磊从一开始组织聚会就为这件事埋下了隐患，后来处理问题的方式也不合理，模糊了人与人交往的边界感，还让自己受折磨。

学会有差别地对待身边的人是人际交往中很重要的一项技能，这样不仅能保持对身边人的尊重，也能让自己活得轻松，避免在无效社交中过度消耗自己的精力，还能让自己远离人际麻烦。

别把时间浪费在无聊的人身上

　　D君是我同学微信群中最无聊的人，其无聊程度比起祥林嫂也不遑多让。只要有人在群里发言，他必定把话题转移到自己身上，永远围绕他的相亲事宜以及他与各种不同类型的女生相亲的事情展开，要么是他看不上对方，要么是对方看不上他。

　　他很喜欢在微信群里抱怨这些女生太物质，不懂得欣赏男人的精神世界。他是个没车没房的月光族[1]，所谓的精神世界无非就是听音乐剧、看画展、穿戴名牌衣物去相亲。当然，D君读的书倒是不少，也颇有小资情调。有一回在微信群里炫耀他收藏的旧音响，足足有5套之多。

　　大家劝他，三十而立，总得上进一些，别整天想着玩，不然以后如何为妻子儿女负责？他却反过来指责我们太世俗，满脑子只想着赚钱。又有人劝他，即使不赚钱，好歹把身上的"肥膘"

---

[1]　网络用语，通常指每个月都把收入花光，没有积蓄的人。

减掉——不到30岁的小伙子看起来像四五十岁的中年人一样，再美的心灵也被厚厚的脂肪盖住了。结果他又说大家肤浅，以貌取人，还举出许多例子来证明他的观点。

除此之外，群里还经常因为他的话题吵得不可开交。D君不愧是饱腹诗书，在群里"舌战群儒"，以一当百。每次吵架，其他同学都被气得够呛，三观仿佛受到了一次12级台风的洗礼。

D君反而风轻云淡：我都不生气，你们气什么？

同学们日渐厌烦，D君却乐此不疲。隔三岔五就往群里发一张他要相亲的女孩的照片，让大家给他参谋。如果女生长相一般，他便诸多挑剔；如果女生来自农村，他便嫌弃对方将来会拖他的后腿。此时，D君也不觉得自己肤浅、世俗了。

时间久了，同学们也明白了D君是块滚刀肉，一般人改造不了他。

于是，微信群里的同学达成了默契，凡是他提起的话题都没人接。总算安静了一阵子，后来某一天，我收到D君的私信，他问我最近在忙什么。我还以为他想凭自己的满腹诗书加入写作行业，便和他聊了一会儿。

没想到5分钟后，他发来一张女生的照片，问我这女孩怎么样。我只回了一句"还有会议，改天再聊"，就没再理他。

后来他又找过我几次，我都找借口避开了。再后来，我偶然和别的同学聊天，发现他们也收到过D君的私信，但没有人愿意在他身上浪费时间。

大家都是成年人，连自己的事情都忙不过来，哪有工夫在无聊的人身上浪费时间？

生活中经常会遇见很无聊的人，他们有意或无意地干扰你的生活，占据你宝贵的时间，还能轻易挑起你的负面情绪。

我曾经试图与这类人讲道理，想转变他们的观念，让他们积极地生活，并为此付出了大量的时间和精力，但我没有一次成功。

终于，我明白了一个道理，在这种情况下保全自己最好的方式就是远离。

所谓"近朱者赤，近墨者黑"，跟随蝴蝶走的人，看到的是芬芳的鲜花，而跟随苍蝇走的人，只能到达肮脏的沟渠。消极的情绪会传染，和无聊的人相处久了，你的生命活力也会被消耗掉。

无聊的人会把你拖垮。我们改变不了别人，但至少可以选择与什么人相处。

与能让你变得更好的人在一起，彼此促进、激励，这样你才会变得更好。多和正能量的人在一起，他们积极向上，不会把你拖进无望的泥潭。对于那些不断消耗你的人，要学会及时止损，趁早远离。让自己活得更精彩，才是最有智慧的做法。

如果你要选择朋友，请不要选择一个无聊的人。生活本来就艰难，不要再给自己增加负担。无聊的人看不到美好，每天都在"低气压"的生活状态中，这样的友情是压抑的，不存在"朋友"的真谛。

如果你要选择伴侣，请不要选择一个无聊的人。无聊的人给不了你想要的爱，他只会索取，而且他的索取就像无底洞，你永远填不满，还会把自己葬送进去。

远离那些无关紧要的人，远离那些消耗你生命的事，把时间用于重要的人和事上，这样才能让你每天过得充实，你的生命才会绽放更明亮的光芒。

别抱太多期望，
哪有什么感同身受

生活似乎总是不遂人愿，我们一路成长，一路失去。我们总是希望有个人出现，能知你、懂你，在你痛苦时给你安慰，迷茫时给你扶持。可众生皆苦，你有你的烦恼，别人也有别人的烦恼，即使是最亲近的人，也无法做到与你感同身受。

晓欣和芳芳是10多年的闺密，从刚进高中就是一对知心姐妹。后来一起上大学，一起回到家乡工作，一起找男朋友，又一起出嫁。她们都打心眼里觉得，对方就是自己没有血缘关系的亲密姐妹，直到芳芳家发生了一次大变故。

芳芳母亲由于沾染赌博而债台高筑，父亲卖房卖车承担了一部分债务之后，便与芳芳母亲办理了离婚手续。但芳芳母亲并不知感恩，反而四处散播谣言说芳芳父亲在外面有了小三才会甩掉自己，而且夫妻之间一起承担债务是天经地义，要不是芳芳父亲对她不忠诚，她也不至于出去赌博寻求安慰，还说芳芳一点都不听话，联合父亲折磨自己，刻意隐瞒父亲的外遇……各种各样扭曲事实的说法从芳芳母亲口中传出，闹得满城风雨。

那时芳芳正在为国家公务员考试做准备，顶着巨大压力在笔试、面试中都拿到第一名，却在最后一关被淘汰了，已经到了谈婚论嫁地步的男友也因为家中极力反对，与芳芳分手。芳芳的生活一下子陷入无比艰难的境地。

熬过那段日子以后，芳芳靠着自己的能力让生活有了一点起色。这时，母亲找上门来，要求芳芳替自己还债。芳芳心中无法原谅母亲，再加上债务数额巨大，她可能穷尽一生都还不完，于是拒绝了母亲的要求。

没想到，这件事被晓欣知道了。晓欣给芳芳打电话，痛斥她为人子女却如此不孝，和她父亲一样无情无义，儿女给母亲还债是天经地义，否则不配为人。芳芳十分震惊，这还是自己那个相处了10多年的闺密吗？自己经历的所有苦难，被母亲毁掉的前途，晓欣都亲眼所见，她不仅不帮自己说话，还斥责自己做得不对，难道要为母亲的债务赔上一辈子才叫作孝顺吗？更何况这些年来，除了还债，母亲的生活所需，芳芳都有求必应，怎么就被安上了不孝的罪名呢？

芳芳既愤怒又心寒，一直亲如姐妹的闺密原来也不过如此。芳芳备受打击，与晓欣断了联系。

多年以后，两人在同学聚会上碰面。经过岁月的洗礼，芳芳和晓欣都成熟了不少，谈起当年的事，晓欣道出了真正的原因。

原来农村家庭出身的晓欣，从认识芳芳第一天起，就一直羡慕她的家境。晓欣省了又省才能买得起的牛仔裤在芳芳眼里，是极为稀松平常的。芳芳的父母给了她无忧无虑的生活条件，她就该一辈子感恩父母，一辈子无条件地为父母付出。

芳芳苦笑，她的家境确实比晓欣好一些，但远非晓欣想象的那样富足，顶多算是高于温饱线一点的家庭。芳芳也有过父母工资不够用，吃饭没有肉的日子；也有过没有运动鞋，在夏天只能穿凉鞋上体育课的日子；也有过零用钱太少，看着同学吃零食而自己只能咽口水的日子。

但芳芳没再开口解释，因为她明白了一个道理：这个世界上不存在感同身受。自己此刻想要解释的心情，不过是因为对晓欣还抱有期待。但是，就像晓欣无法理解她为什么要拒绝为母亲还债一样，她也无法理解晓欣对物质的渴望。

芳芳闭上了嘴，抱了抱晓欣，然后转身走了。这一对做了10多年闺密的人在这一次告别之后，就再也没有联系过。

这个令人悲伤而遗憾的结局，其实从一开始就是注定了的。

正因为芳芳和晓欣亲如姐妹，在对方身上抱有巨大的期待，矛盾爆发时才会责怪对方不能与自己感同身受。但事实上，不只是闺密，父母子女之间、夫妻之间也时常出现误解，无法做到真正的感同身受。

所以请收起脆弱的心，不要再期待别人与你感同身受，能够做到换位思考就很不错了。**人生不易，每个人都有自己的幸与不幸，站在自己的立场指责别人的不理解，本身就是一场错误的道德绑架，更何况所处的圈子不同，成长环境也不一样。**你的痛苦，也许在别人看来只是一场无病呻吟。所以在你痛苦、迷茫、悲伤、无助的时候，有人能给你拥抱，给你温暖，愿意放下手头的事情听你倾诉，就已经是人生一大幸事，何必在意对方是否能够感同身受呢？

掏心比掏钱难，
你的真诚自有回应

在当下这个大环境中，生活节奏越来越快，很多人习惯用掏钱来解决一切，掏钱玩乐享受，掏钱扩充人脉，掏钱请人办事。仿佛只要掏钱掏得够多够快，就能掌握所有事情的主动权。但很多人都忘了很重要的一点：付出真诚自有回应，比掏钱更有效果的是掏心。

朋友婉婷跟我闲聊，说起她在大学里担任学生会主席时遇到过的一件事。

可儿是大一新生，家境优渥的她从小就被宠成小公主，只要是她想要的，就没有得不到的。这样的成长环境使得可儿不知道怎样与人交往，入学一个月，连一个能说话的朋友都没有。

这可急坏了可儿妈妈，为了让可儿交到朋友，可儿妈妈到超市和商场疯狂购物。找了一个周末带了一车东西到可儿的宿舍，把零食和化妆品全都分给可儿的室友，千叮万嘱她们一定要和可儿做好朋友。

可儿一脸得意地看着妈妈在人群中忙碌，认为舍友收了妈妈的礼物，以后就是她的好朋友了。但事实并非如此。

在妈妈的盛情之下，舍友们虽然没有当面拒绝，但事后有人偷偷把礼物放在了可儿的桌子上，有人给可儿转钱，有人找理由请可儿吃饭，真正收下礼物的舍友，在最初几天和可儿热络了一阵之后也恢复成一般同学的关系。

可儿很苦恼，在宿舍大发脾气，斥责舍友们嫌弃自己的礼物不够贵重才不愿意和她做朋友，如果有需要，她还可以送给她们更好的礼物。这一闹，接受礼物的舍友也赶忙回了礼，与可儿划清界限。

可儿又气又恼，找到婉婷帮忙。婉婷看着这个嘟着嘴的小女孩，觉得她既幼稚，又有些可爱。在这个年代怎么还有家长用礼物为孩子"收买"朋友呢？可儿并没有坏心思，只是用错了方法而已。

于是，婉婷耐心地教了可儿一些交朋友的方法，首要的一条原则就是要真诚以待，可儿似懂非懂。

自那以后，可儿有意收敛了自己的小公主脾气，与舍友说话时多倾听少抢话，与舍友吃饭的时候尊重舍友的口味，在宿舍听歌不再开外放，舍友有了困难就主动帮忙……两周不到，可儿就完全融入舍友们了。再次来找婉婷时，已经变成一群女孩子手挽着手叽叽喳喳说个没完的场景。婉婷打心眼里为可儿高兴。

可见，钱虽然重要，但不是最重要的。人与人的交往必须从心出发，别人确切地感受到你的真诚，才会回报同等的真诚，你才能收获良好的人际关系。

我曾看过这样一则新闻，某市一名男子受朋友邀约到餐馆吃饭，席间气氛非常融洽，觥筹交错间谈笑风生。但到结账的时候，朋友们以各种理由离开饭桌一去不返，留下该男子一人一脸茫然。他找遍餐馆不见朋友，打电话也个个关机。最后店家只得报警求助，男子无奈之下，联系父母给他送了钱，才把事情了结。

本以为这是一场朋友的恶作剧，但事情的后续发展却耐人寻味。原来该男子经常呼朋唤友下馆子，每次都说自己请客，但到结账时却装醉逃避，让朋友们付钱。朋友们表面上是被邀请，结果还是自己掏钱，于是气不过，就联合起来整蛊该男子。

其实，吃一顿饭花不了多少钱，朋友们也不是在意自己付钱，而是不能认同该男子这种行事作风。生活上有困难可以直接说，即使没有困难，只是想偶尔免费下顿馆子，做朋友的可能也没啥说的。但是该男子这种把朋友当傻子的行为极其令人气愤。掏钱有成本，但掏心全看人品，该男子对朋友没有一丝真诚，遭到整蛊实属自作自受。

钱财乃是身外之物，只有人和人之间真诚以待才是维系关系的不二法宝。掏钱容易，掏心却难。钱没了可以再赚，但因为不真诚而失去一位朋友，会让人遗憾一生。

"诚"是中华民族千百年来传承的待人美德，法律也将真诚规定为市场交易的基本原则。一辈子很长，我们会遇到很多不同地位、身份、成就的人，但过客匆匆，真情难得，人与人之间的真诚是最珍贵的东西。只有真诚能带来别人的信任和认可。掏钱之前，请先学会掏心。

第三章

成年人要懂得界限感

每个人都有自己的个性，
没有人有义务时时刻刻迁就你。

有界限感，才会有好感

周国平曾说："一切交往都有不可超越的最后界限。在两个人之间，这种界限是不清晰的，然而又是确定的。一切麻烦和冲突都起于无意中突破这个界限。"

我深以为然。

人和人之间的关系很微妙，一个表情、一句话都有可能对彼此之间的关系造成影响。而且成年人不会像小孩子那样，把所有想法都写在脸上，有时候熟悉的人忽然疏远了，亲近的关系忽然断了，无处可问、无迹可寻，当事人永远不可能告诉你真正的原因。在抱怨对方个性古怪之前，先想一想，自己有没有注意界限感。

心理学上有一个概念，叫作"安全距离"，是说人为了让自己感到安全，会形成一个排斥他人的距离，在这个距离内，只允许自己存在，一旦别人入侵，就会产生反感、紧张和逃避的情绪。两个没有亲密关系的人之间，身体安全距离是80厘米左右，而心理安全距离是以不侵犯他人私人空间、不削弱他人对自身及财务的控制为底线的。

球球，人如其名，单纯，天真，胖。刚到单位的时候，大家都很喜欢她。毕竟是一个有好吃的就会笑，没什么坏心思的孩子，还能把沉闷的办公室气氛搞得活跃而欢乐。或许是因为大家对她好，她逐渐肆无忌惮起来。

一天，球球到隔壁办公室串门，正好遇到杏子从超市购物回来。杏子和球球只是一般同事关系，见到球球后打了声招呼就坐回工位准备开始工作。球球却兴冲冲地跑到杏子面前，拎起杏子刚放下的购物袋，说要找找有什么好吃的。杏子有些不快，但碍于情面，只得由着球球。球球一边叫嚷着，一边把购物袋翻了个遍，终于在角落找到了一小袋饼干，于是她直接将饼干放进自己口袋，还说和杏子那么熟，就不谢了。

杏子不答应，说那袋饼干的口味是自己很喜欢的，她去了很远的超市才买到，不能给球球。球球非得要，杏子有些不耐烦。球球那几天嗓子发炎，理论上吃不了饼干，但球球说，哪怕是带回去看着也高兴。说着，球球就拿走了饼干，杏子站起来想拦住球球，却被她一掌推了回去。

同样的事，另一位同事朗哥也经历过。朗哥比我们大几岁，不久前，家里刚刚添了一个小宝宝，所以他工作愈发认真了。有一次，他又被领导指派做某项目组的组长，球球是项目组成员之一。

某天，项目组的同事一起出差，在回城的路上，朗哥看大家赶了一天路都口干舌燥，便说一会儿吃完饭请大家喝东西。球球强烈要求要搞特殊，毕竟自己是个"小朋友"，要喝两排儿童饮料。但一般的饮品店里都没有儿童饮料，她就吵着闹着要朗哥给她买，不买就是不兑现承诺。

朗哥赔着笑脸说，大家都喝咖啡，球球将就一下，下次有机会一定给她买。球球却不依不饶，说自己不喝咖啡，一定要喝儿童饮料，又是撒娇又是耍赖的。明明已经是接近30岁的人了，做派却还像孩子一样，最终，朗哥给球球转了两排儿童饮料的钱了结了这件事。

看着球球抱着手机心满意足的样子，我忽然觉得她脸上那种天真的笑令人厌恶。通过这两件事，大家最初对球球的好感已经被她败得一点都不剩了。

未经同意就翻别人的私人物品，不顾别人反对拿走对方花钱买的东西，不顾异性是否已婚就向人家撒娇，不顾场合地让上司下不来台……这一切都是没有界限感惹的祸。

缺乏界限感的人，本质上是以自我为中心，凡事只求满足自己的私欲。只想索取、命令和掌控，从来不会对别人付出，也不会听取别人的意见、照顾别人的感受。**可是在这个世界上，不是你弱别人就要依着你，不是你要赖别人就要顺着你，不是你索取别人就得给你。每个人都有自己的个性，没有人有义务时时刻刻迁就你。**

有一句话说得很对，一个人最大的恶意，就是把自己的理解强加于别人。像球球一样，把自己认为开心的方式强加到别人身上，对别人的拒绝和厌恶视而不见，这样的人，注定不会有人对她产生好感。

懂得拿捏"界限"是一个人的高级智慧。想得到别人的友善，就要先付出真诚；想得到别人的尊重，就要先付出礼待；想得到别人的好感，就一定要记住界限感。

远离那些充满负能量的人

人的情绪是很奇妙的东西，就像一座大厦。建楼的过程很复杂、很辛苦，必须小心翼翼才能建成，但是摧毁一座楼十分简单。人的情绪也一样，要保持积极向上的心态，始终开心愉快很不容易，但要摧毁这一切，只需要片刻工夫。负能量，是能够摧毁你情绪大厦的源头。

也许你身边也有这样一个人，他永远在抱怨，抱怨社会不公平，抱怨领导无能，抱怨同事难相处，抱怨伴侣不体贴，抱怨孩子不听话……任何事情，哪怕事实上并没有他说得那么严重，他都只会往坏的一面想。久而久之，孩子一听他说话就烦躁、顶嘴；妻子见到他就来气，懒得和他说话；同事见到他就躲；领导见到他就骂；他在社会上也混得越来越差。

这是一个奇妙的循环，他抱怨身边的一切，身边的一切也被他影响，就以同样的方式反馈他，这就是负能量的可怕之处。

上大学的时候，我和小悦关系很好，我俩都是"愤青"，骂这个、骂那个，看谁都不顺眼，觉得身边的人都是俗人，觉得成功者都是靠别人，仿佛众人皆醉我独醒，整个人有点像刺猬，周围的人都不太敢靠近。

毕业之后，我和小悦去了不同的城市，因为工作忙，我们的联系渐渐少了。社会是另一所学校，前几年，我成长飞快，思想成熟了很多，看待问题不再像以前一样偏激，也明白了上学时候为什么自己不讨人喜欢——负能量太多。我不再像以前一样遇到事情就往坏处想，遇到问题就抱怨，而是去思考背后更深层次的问题，积极寻找解决办法。我觉得，我比以前开心多了。

有一天晚上，我发了一条朋友圈，配图是罗伯特·麦基的《故事》的封面，文字是：读完这本书，突然有了写电影剧本的冲动，希望有一天我的文字也能成为影像，出现在银幕上。

5分钟后，我接到了小悦的电话，一开始我们寒暄了几句，随后她说："我们现在的这种环境，出不了好电影，去电影院也没什么可看的，全是烂片！"

我说："好莱坞也有烂片，国产片也有不错的。"

她说："你最近怎么看起国产片了？太低端了！"

我说："以前是不懂，我最近看了一本书，发现电影没有那么简单。"

她说："你不会真的想写电影剧本吧？"

我说："现在不行，以后有这个打算。"

她说："想想就算了，就你那两下子，写了也没人拍。"

我说："现在不行不代表以后不行，多写总是会有长进的。"

她说："认清现实吧，别做梦了，那么拼命、那么努力有什么用？看再多书你也成不了天才！"

我们的对话在不愉快的氛围中结束，曾经无话不谈的好朋友，现在却变得话不投机。当晚，我把朋友圈设置成对她屏蔽了。

如果一个人有这些表现：哀怨不断，事事吹毛求疵，心态消极，有偏见，那他就可能是一个负能量很多的人。

想一想你的朋友中是否有这样的人，和他们相处，你觉得开不开心？每个人都需要朋友，但你不需要充满负能量的朋友，你不必与每个人都成为朋友。如果你的朋友身上满是负能量，你可以试着去影响他，但如果试了几次都没有效果，请你赶快离开，与他保持距离。负能量是可怕的泥潭，除非他自己想出来，否则你不可能拉得动他，反而会让自己陷进去。

即使你乐观向上，正能量满满，但当你身边出现越来越多的负能量时，你很快也会开始疲惫、消沉。因为情绪最容易感染人，当你总是处于这样的环境时，心情自然也就容易变得抑郁。

作家李尚龙说："负能量是在鞭笞别人的不好、责骂社会的不公，正能量是在讲完后告诉你，即使再苦，我依旧可以通过努力去改变一些。"

远离那些会给自己带来负能量的人，自己也不要成为负能量之源。我们都是凡夫俗子，偶尔有坏情绪也是正常的，向朋友吐槽、抱怨，在一定程度上可以起到释放和宣泄的作用，但是，没完没了地抱怨，就会让人受不了。控制自己的情绪，让自己成为一个阳光的人，一个能给别人带来正能量的人。

万物靠阳光才能生长，而心灵也需要正能量的滋润。不要在负能量上浪费时间和精力，主动去靠近那些拥有正能量的人，让自己变成一个更好的人。

拒绝人情要趁早

你是不是也有过这样的经历，好久没见过的朋友突然联系你，说"最近手头紧，能不能借我3000块钱，我发了工资就还你"之类的话？

其实你的银行卡里没剩多少钱，但一想到与朋友多年的交情，还是抹不下面子拒绝。于是打肿脸充胖子把卡里的钱统统转给朋友，而自己后半个月却只能天天吃泡面度日。

然而一个月过去了，朋友只字不提还钱的事，你的手头虽然很紧，但还是抹不下面子，心里想着再等等，没准下个月朋友就会还钱。

一转眼到年底了，你的朋友还是没有动静。这下你有些慌了，毕竟过年回家开销可不小，你鼓起勇气问朋友什么时候还钱，朋友各种推辞，你翻出当初的聊天记录发给他，他倒生气了。

"不就3000块钱吗，用得着催吗？怎么这么小气?！"

你的3000块钱终于要回来了，可朋友到处跟别人说你不仗义，为了几千块钱，连交情都不要了，搞得一些不明所以的朋友都以为你抠门。

你觉得特别委屈，自己好心借钱给他，怎么变成小气了？

当面对别人的请求，你觉得为难时，应该怎么做？当知道自己手头并不宽裕时，就不要轻率地答应借钱，把你的困难坦诚相告，别人也会理解你的无能为力，最后你们之间的关系就不会闹得那么僵。

很多人不懂得拒绝别人。与人为善，在适度的范围内帮助别人当然是美德，也会给你赢来好名声。但是，答应别人的请求需要三思而后行，如果超出自己的能力范围，没准一片好心还会引来抱怨。

在上大学的时候，我有一个老好人同学，家里是农村的，父母觉得他能在大城市扎根特别有面子，凡是同乡到城里总是让他接待。他碍于老乡情面，也不好拒绝，那些年前前后后接送老乡、请吃饭、去景区，花了不少钱。有一次一个老乡从老家进城，带着老父亲治病，因为找不着城里大医院的门路，想请他帮忙。

同学并不熟悉医院里的关系，但又不好拒绝，还是答应了下来。结果整整一周，他在医院里像没头苍蝇一样乱转，也没找到合适的医生。最后，老乡带着家人回老家治疗了，据说因为耽误了一周的时间，老父亲的病情有所恶化，还落下了后遗症，从此同乡就开始抱怨这位同学了。

这位同学答应得太早，又拒绝得太晚，导致犯了错误，好心办坏事。所以，在答应给别人帮忙之前，先问问自己，这事到底能不能办。如果不能办，礼貌地推辞总比勉强答应下来要好。假如你说不能办，他会另想办法；假如你说能办，他就只能等你的结果。一旦事情搞砸了，他反而会怨恨你。

三毛曾经说过："不要害怕拒绝别人，如果自己的理由出于正当。因为当一个人开口提出要求的时候，他的心里本就预备好了两种答案，所以给他其中任何一个答案，都是意料中的。"

不要太早答应别人的请求。不论是对朋友还是对家人，如果那个请求是无聊、乏味或是会损害自己利益的，你应该学会断然而礼貌地拒绝，不要拖得太晚，引火烧身；如果你已经答应了别人，就应该遵守诺言，尽力去兑现，在进行过程中如果发现自己没有能力兑现承诺，就要尽早与对方说明，否则拖到最后，不仅兑现不了承诺，对方也会因为等候而浪费时间。

不要害怕得罪人，每一个拒绝都有价值，每一个放弃都有必要的理由，你的生活也不容易，你必须多为自己考虑一点。学会拒绝别人，才是爱自己的开始。

懂得量力而为，任何时候都要给自己留余地，对那些心有余而力不足的事情说"不"，止损比被套牢好。当别人委托你做某事时，一定不要不假思索地满口应承，冷静一会儿，在大脑中转一个圈，仔细思考这件事自己能不能办得到、办得好。衡量好自己的能力与事情的难易程度，结合客观条件充分考虑，然后再做决定。

答应得太早或拒绝得太晚是同一种错误。人生很短，把精力用在美好的事物上，不要自找麻烦。学会适时拒绝、适时提供帮助，是高效人生的开始。鼓起勇气，拒绝自己不喜欢做、不情愿做的事，从开口的那一刻起，你就会发现，生活中的烦恼变少了。

不打扰，
是与别人相处最好的方式

　　公司里有一位热心的大姐，大姐的丈夫收入可观，所以她没什么工作压力。大姐人不错，没什么心机，还经常给大家带小零食，但大家总不太愿意和她走得太近，原因是她经常让人感觉不舒服。

　　有一天，我翻出一条许久没穿的裙子，想穿着它回忆一下上学时候的青春。虽然只是80块钱的便宜货，但穿上它确实让我感到很高兴。我刚到办公室，大姐就凑了过来，对我的裙子一顿评头论足，说这衣服款式太小，不适合我，又说这颜色已经过时了，和我的年龄不搭。好不容易我才插上一句话，告诉她这是我上大学时候买的。

　　"天哪！"大姐惊呼起来，连珠炮似的说了一大堆，什么女人不能对自己太吝啬，一条裙子只能穿一个季度，等等，引得众人纷纷侧目。要是告诉她我只是想回忆一下过去，她肯定以为我是为自己的吝啬掩饰，于是我把一肚子的话都憋了回去。

本来应该让我心情愉悦的裙子，却好像一面让我蒙羞的旗帜。一整天，我都在办公室里坐立不安。好不容易下了班，我飞也似的逃回家里，脱下那条裙子，再也没有穿出去过。

不只是我，其他同事也遭受过大姐的"洗礼"。大姐不是挑剔这个人的口红颜色太俗气，就是嫌弃那个人的发型与本人不搭，就连手机铃声，她也要挑刺。如果不听她的，她就会一遍又一遍地重复，直到别人"改邪归正"为止。大家受不了大姐的唠叨，只能屈服，但是没有人感谢她的意见。

没有人喜欢别人对自己的生活指手画脚。每个人的审美、眼光不同，每个人的经历也不同，所以才造就了独立的个体。人天性渴望自由，没有人喜欢被束缚，如果一个人的生活没有打扰到别人，为什么要改变？

与人相处最好的方式就是不打扰对方。每个人都有自己的生活方式，他们所认知的世界就是自己"创造"的世界，没有好坏、对错，别人看见的都只是别人的感觉。你怎么知道你觉得辛苦的事情，别人不是乐在其中呢？所以不要轻易打扰别人的生活，不要给别人增添烦恼。

　　道理人人都懂，可人总是更容易接受自己，所以当别人的言行和自己不一样时，就认为别人是错的，就总想给别人指点一番，殊不知，你的打扰会让别人很苦恼。也许别人的生活需要改变，但是绝对不需要被人指指点点。

　　孟子说："人之患，在好为人师。"人总是喜欢指点别人的生活，从中得到心理上的优越感，但这是一种劣习。不要轻易去评价别人，更不要随便打扰别人的生活。

　　其实，谁也没有资格去打扰别人的生活。社会是多元的，谁能分得清谁对谁错？谁能分得清谁高谁低？世界上没有完美的人生，别人没有，你自己也没有。看到别人闹笑话时，你能保证自己永远不会闹出同样的笑话吗？不要轻易打扰别人，正如你也不喜欢被打扰。

　　既然大家都不完美，就静静地欣赏别人的生活吧。世界不可能围绕着一个人转动，不理解别人的生活时，做看客就好，见证别人的幸福，分享别人的快乐。

　　网上有这样一个故事：

　　路边有一个中年女人正在摆地摊。正值午饭时间，一个中年男人骑着自行车过来送饭。男人一下车，就歉意地笑着说："对不起，我来晚了，饿了吧？"女人看着给自己送饭的丈夫，笑了笑，说："没事，不着急，还早呢。"男人笑着从自行车前面的筐里取出午饭，两人就着路边的阶梯坐下，开心地吃了起来。

此时来了一个中年阿姨，她看着两人餐盒里的饭菜，诧异地对女人说："大妹子，你真可怜，辛辛苦苦地工作，老公就给你吃这些东西，一点油水都没有。"说完，中年阿姨扭着身子离开了。夫妻两人面面相觑，原本美味的饭菜也失去了幸福的味道，多了一分苦涩。

如果这夫妻俩的生活没有被打扰，妻子一定会因为丈夫辛苦为他送饭而感动，即使生活再苦，他们也会感到幸福。

不要轻易地去打扰别人的生活，每个人的行为都有自己的出发点和原因，多尝试换位思考和寻找共情点，求同存异地理解别人。

管住自己的口，收回自己的手。不轻易地打扰别人的生活，是做人最基本的修养，也是改善人际关系的基础。

其实，大多数人并不在意你

大概很多人都有过这样一种错觉，只要走进人群中，就觉得自己成了所有人关注的焦点，一举一动都备受瞩目，生怕哪里出错，惹人笑话。但其实并非如此，在日常生活中，某方面特别出众的人不一定受到大多数人的关注，更不用说不经意间出现的小纰漏，可能最多也就是博人一笑，大家转过头就忘了。

A君是一个在各方面都谨小慎微的人，用他的话来说，就是凡事不可出格，出格必招嫌。某天下大雨，A君忘了带雨伞，眼看着同事们都纷纷下班回家，雨却越下越大，根本没有要停的意思。A君实在坐不住了，左思右想，决定冒雨回家。

A君在公司门口等了一会儿，确定不会遇到熟人后，就大胆地卷起裤腿，脱下西装外套顶在头上，冲进雨中，奔跑起来。没想到，这一幕被刚好开车经过的副总经理看到，副总经理觉得公司应该准备一些一次性雨衣，为遇到骤雨天气时没带雨伞的员工提供一些便利，便给行政部下达命令，让行政部迅速采购。

A君得知此事后日夜不安，自责不已。他怪自己没有考虑周全就做出"出格"之事，害行政部的同事平白无故多了一桩差事。

A君纠结了一天，想了又想，花了很长时间编辑了一条微信发给行政部的同事：他先检讨自己不该忘记带雨伞，又为自己冒雨奔跑的不雅行为郑重道歉，最后保证以后一定会做好本职工作，不再给同事添麻烦。洋洋洒洒的几百字，结果，行政部的同事只简单回了一句话：为同事服务是行政部的职责，无须致歉。A君并没有因此安心，反而觉得，自己发了一大段话对方却只回了一句，同事一定只是在和自己客套，事实上已经生气了。

于是A君锲而不舍地又发过去几百字，解释自己为何没有按时下班，为何没有带雨伞，并再次道歉。

同事久久没有回复，A君坐立不安，开始胡思乱想：该不会是在讨论我的问题，不好回复吧？我刚才说的都是实事求是，没有一点夸张，他们不能不相信啊！即便我确实增加了他们的工作，但同事一场，平时我对他们都不错，他们该不会因此就排斥我吧？越想越不对劲，A君决定去行政部看看。

结果行政部大门紧闭，所有人都在开会。这下A君更紧张了：该不会是开会讨论怎么处理我吧？这些莫名其妙的念头让A

君完全失去了理智，他居然贴着门偷听了起来……

最终，A君被抓了个现行，副总经理亲自找他谈话，一问前因后果，原来当天行政部同事之所以信息回复短，是因为当时手头正忙，而开会是为了讨论第二天的一场重要会议，从头到尾都与A君没有任何关系，而A君却因为想太多而徒增了许多麻烦。

最后，副总经理丢给A君一句话：无论好坏，别人没有你想的那么在意你。

不得不承认，很多人都犯过A君这样的错误。由于内心深处太在意别人对自己的看法，以至于把自己看得太重，而误以为别人也会把自己看得很重，什么事情都围绕自己转，无论好坏，仿佛自己永远处在事情的中心。

然而事实是，生活节奏越来越快，大家都很忙，关注自己的时间都不够，谁会那么在意你呢？

有句话是这么说的：20岁时的人，会顾虑旁人对自己的看法；40岁时的人，已经不理会别人对自己的看法；60岁时的人，发现别人根本就没有想到过自己。

所以，活得洒脱一点吧！偶尔在公众面前出了丑，也不必那么沮丧和懊恼，博人一笑不是什么坏事，没人会在转头之后还记得你的糗事；偶尔犯个小错误，立即改正就好，没人愿意花精力拿这件事来嘲讽你；偶尔失败一次，不用解释太多，对你来说很重要的事或许对别人来说只是可有可无。

毕竟每个人对自己问题的在意程度，要远远超过他人，否则那些经纪公司和广告公司，用得着花那么多心思让大众记住某个艺人和某部电影吗？

所以，放轻松一点，大多数人并没有你想的那么在意你。

学会示弱，
与人相处留有余地

　　小段是一个很较真的人，凡事一旦涉及工作，他一定要辩个清清楚楚。有一次他与客户开会，客户是一个上了年纪的人，对小段的设计方案提出了不少意见。在美术设计专业出身的小段眼里，客户的意见显然十分外行，于是，小段就从专业的角度给对方解释为什么这样设计。

　　客户不肯听小段的意见，强硬地表示就按照自己说的来，而小段年轻气盛，当场讽刺客户不懂设计。结果可想而知，会议不欢而散，这个项目也黄了。

　　作为一名专业的设计人员，自己的设计被否定的确是一件很委屈的事情，但是小段的应对方法也有很大的问题。既然他的工作是为客户服务，那么适当听一下客户的意见也是应该的，强硬地坚持自己的意见，与客户硬碰硬，不出问题才怪。

　　世界上没有两片完全相同的树叶，人也一样，不同的人会有不同的观念。决定一个人观念的因素很多，过往的经历、教育程度、社会地位等，小段和客户无论是年纪还是社会地位都相差很远，对设计的理解自然会差很多，弥合这种分歧需要双方耐心地沟通，如果小段懂得适当地示弱，就不会闹成那样的僵局。

　　懂得示弱是一种智慧。每个人都喜欢站在自己的立场考虑事情，这无可厚非，有时候即使别人的观点是错误的，出于面子或其他因素的考虑，他们还是会坚持己见。这个时候，如果你一定要跟他们争个高低，肯定会伤了和气，而最终受害的可能是自己。

　　年轻气盛不见得是一件好事，虽然有干劲、有朝气才能进步，但是一味坚持自我、锋芒毕露，则有可能与别人碰得头破血流。

　　俗话说，刚则易折，柔则长存。人不能太好强，有时要懂得示弱。如果小段能够适当地示弱，承认自己考虑不周，经验和阅历不足，给对方留一点面子，客户可能就满意了。这时，小段再委婉地提出自己的建议，客户的反应可能就不会那么激烈了。

　　很多时候，如果你和别人的意见产生了分歧，不要急着证明对方是错的。别人未必不明白自己的想法有问题，只是人都要面子，需要一个台阶下而已。在这种情况下，如果你主动示弱，那就相当于把台阶送到别人面前，你给别人留面子，别人也会给你留面子，这样才会有皆大欢喜的结局。

真正强大的人不需要用强大来标榜自己，也不需要通过时刻逞强的方式来赢得别人的尊重。事实上，逞强的人往往只会适得其反，让自己的短处暴露无遗。有时，适度的示弱反而能赢得人们的尊重和理解，从而获得发展的空间。

示弱并不是软弱无能、毫无强硬之气，而是一种聪明的退让。内心强大了，自然不需要通过表象获得满足感。正如真正富有的人不需要全身上下穿戴名牌衣物来标榜自己，真正有地位的人不需要时时刻刻摆出高人一等的架子显示自己的权威，真正满腹诗书的人不需要咬文嚼字来彰显自己的才华。示弱的人反而更需要强大的内心。

人都倾向于同情弱者，那些性格强硬的人或多或少会让他人产生戒备心理。如果你一味逞强，时刻想掌握主动权，别人就会感到很压抑。适当地示弱，暴露一些无关痛痒的缺点，反而能增强你的亲和力。所以，我们经常见到那些地位高的人在普通人面前说自己也是普通人，也有很多烦恼；有钱人经常抱怨自己身体不好，子女不懂事；学问高的人常常会说自己情商低。不露痕迹地暴露一些小缺点是一种示弱的技巧，这样一来，对方知道你并不是一个目中无人的人，就不会那么防备你，你和别人的关系就会更融洽。

示弱不应该只表现在口头上，还要表现在行动上。如果你在事业上已经获得了一定的成就，那么在小的利益上就不要再斤斤计较，适当地分享你的利益，回避同弱小的人竞争，对小名小利淡薄一些，不要为一点微利惹火烧身。

学会示弱，在同事面示弱、在家人面前示弱、在朋友面前示弱，你会发现，你身边的矛盾少了很多，你更加讨人喜欢了。我们没有必要始终保持强大的样子，适当示弱，在疲惫的时候寻帮助，在失落的时候寻安慰，在犯错的时候主动反省，让别人感受到你的真心，这样才会得到更多的帮助。

记住，学会示弱，别让自己憋出"内伤"。

你足够努力，
世界就足够公平

人的一生会经历悲痛、失望、怨恨、痛苦和挣扎，能不能从这些情绪中脱离出来，练就从容淡定的人生态度，诀窍只有三个字——平常心。

小果出身于一个普通家庭，外表普通，智力普通。但小果的妈妈偏偏不这样认为，她告诉小果，你是天底下最聪明、最漂亮的孩子，长大以后一定能成为"天之骄女"。

在妈妈殷切的期待下，3岁的小果努力地想成为幼儿园里最茁壮的那棵向日葵。但事不遂人愿，小果的同学萌萌每逢周末都要去学钢琴、舞蹈，所以班里音乐最好的孩子不是小果，而是萌萌；叶子的爸爸是美术学院的教授，小果再怎么拼命练习，都取代不了叶子美术组长的位置；朵朵是中美混血，小果非常努力才学会的50个英文单词，朵朵张口就能来……只要老师多表扬其他小朋友几句，小果心里就有些难受：为什么我家不像萌萌家一样有钱，为什么我的爸爸不是美术学院的教授，为什么我的妈妈不是美国人……

小果整天在这些"为什么"中徘徊，小小年纪却每天心事重重。

就这样过了十几年，小果读完了幼儿园、小学和初中。进入高中后，成绩名列前茅的小果没有按规则被分到优秀班，而被分到了普通班，小果认为这非常不公平，于是找到学校领导要求重新分班。但学校领导三言两语就把她打发走了，重新分班的事也杳无音信。

小果无奈，只得去普通班报到。由于心有郁结，小果的成绩一落千丈，多次滑到普通班的后20名。不知怎么，有传言说小果在入学时成绩就不好，根本没有资格进入优秀班，她竟然还有脸去找学校领导要求重新分班。

小果气得大哭，自己那么努力却得不到一个好结果，原本只是想争取公平却被说得如此不堪，她恨命运对自己如此不公平。

压抑的高中3年过去，小果考上了一所不上不下的普通大学，选择了一个不冷不热的普通专业，毕业后按部就班地开始找工作。

又过了几年，小果迎来了人生的下一个重大阶段——谈婚论嫁。

男方是事业有成的青年才俊，对小果也疼爱有加，两人恋爱3年后结婚，但是，即使两人走过了3年，公婆和男方的亲戚还是觉得小果不够优秀，不仅明里暗里挑剔小果，就连小果的父母都被低看一等。

小果心里怨气重重，认为公婆和亲戚对自己不公平。老公虽然很优秀，但自己也不差，如今事业上风生水起，凭什么被挑剔？于是，小果总拿这件事抱怨老公，两人三天两头吵架，闹得差点离婚。

是啊，凭什么呢？凭什么别人有的小果都没有，别人不必受的委屈小果都要受？

我们常常会犯一个错误，就是把人和属性分开，认为别人如果不是因为家里有钱，如果不是因为老公有本事，怎么可能混得那么好？这些因素都是那个人具备的属性，而不是那个人因为这些属性，才比别人过得好。

想明白了这一点，就不必再去羡慕和嫉妒了，毕竟有的属性是天生的。既然改变不了，那还抱怨什么呢？世界本就不公平，你羡慕别人，别人也会羡慕你。你能接受别人自带的属性，别人也会接受你自带的属性，这种多样性下的和谐，反而是另外一种意义上的公平。

改变不能接受的，接受不能改变的。我们无法改变世界，但我们能改变自己。用一颗平常心去对待这种不公平，你会发现，其实没什么大不了的。

你的善良要有点锋芒

在我的闺密身上发生过这样一件事。她在一个沙龙上认识了一个女孩，女孩刚成年，因为家里不同意她学表演，于是离家出走，到大城市打拼。女孩说自己饱一顿饿一顿，接不到群演的工作时，不得不在快餐店过夜。女孩看出我的闺密是个很有同情心的人，提出想暂时住在我闺密的家里。闺密虽然并不情愿，但碍于情面，就答应了她。本以为女孩只是住十天半个月，没想到一住就是半年。在这半年里，闺密管她吃、住、出行，还尽力帮女孩找工作，但是女孩住得心安理得，丝毫不觉得亏欠。闺密现在想起这件事就生气。

是闺密的善良错了吗？善良没有错，每个人都有同情心，而能够对可怜的人施以援手更是一种美德。但是，世界如此之大，每时每刻都有悲剧在上演。如果每遇到一个可怜人都心生悲悯，都施以援手，那就要出问题了。

国内某著名女演员在拍摄电视剧期间，无意间听到一个贫困学生艰苦求学的故事。听到这件事情之后，善良的她被这个贫困学生的求学举动感动了，她主动联系了这个贫困学生，并且出资帮助他读书。

在接受了女演员的资助后，这个贫困学生第一次高考时落榜了。后来，女演员继续资助并鼓励他复读再考。最终，贫困学生考上了位于上海的一所大学。

在上海读大学期间，这个贫困学生的开销惊人，动辄就管女演员要钱。泡网吧、谈恋爱、买苹果手机等都找她要钱。等到该学生大学毕业之后，女演员随之停止了资助。然而，令人瞠目结舌的事情发生了。这个贫困学生不但不感恩女演员，还恩将仇报，在网上发帖子大骂资助他的女演员，并且大放厥词，说这位女演员是个大明星，挣钱很容易，却只给他这么一点钱。

一个20多岁的大学毕业生，不靠自己的劳动养活自己，非要当一只"吸血鬼"。他今天要手机，明天就能要汽车，后天就能要房子，即便女演员是世界首富，也无法填满这样的无底洞。

可见，不是所有真心都能换来回报。**无底线地同情别人也许最终只能给自己带来痛苦。我们不能用真心来考验复杂的人性，也不能让无耻之徒利用我们的同情来践踏真情。**对于真正有需要的人，我们可以提供帮助，但是，帮助也要有底线。授人以鱼不如授人以渔。帮助他人是要让他们拥有自食其力的能力，而不是去养一只不劳而获、榨干别人鲜血的"吸血虫"。其次还要考虑自己是否有能力，以及该行为是否在自己的承受范围之内，做到量力而行。

俗话说，善有善报，恶有恶报。长辈告诉我们要常怀悲悯心，但他们并未教过我们，虽然善良是美德，但这世界上悲惨的事情太多，我们没有办法帮助所有可怜人。既然只是普通人，就得先顾好自己，慎用悲悯心。

滥用悲悯心，就是愚善。如果别人借钱是因为不愿降低他的生活标准，我们也没有必要用自己的血汗钱去补贴他。如果别人不高兴是因为得到的不够，我们应该先看看自己有没有那么富裕，再去给予他人。如果别人需要的帮助不是那么紧急，我们可以先看看自己牺牲的代价是否太大再做决定。

成年人的世界没有"容易"二字，我们没有必要用自己的贫穷去补贴别人的富裕，也没有必要用自己的拮据去补贴别人的潇洒。在悲悯别人之前，先悲悯自己。

悲悯要留给值得的人，如果我们对所有人都悲悯，那么可怜的人会变得更可怜。真正的悲悯，是有所保留的。我们年轻时会对所有乞丐都施以善心，渐渐地，我们会分辨哪些是真的需要帮助的人，哪些是骗取我们同情的人。要明辨善恶，别把自己最珍贵的善良送给坏人。

做任何事情都一样，必须把握适当的度，悲悯也是如此。真正的悲悯不是恻隐无度和懦弱愚蠢，悲悯也要有点智慧。悲悯是美德，但不能让它成为我们的弱点；心软是慈悲，但不能让它成为我们的卑微。悲悯也要有底线，如果对人好到毫无保留，对方就会坏到肆无忌惮。对方会觉得所有的事情都是理所当然，如果拒绝一次，必然会引起百般怨恨。

人要有悲悯心，却绝不能迂腐。毫无底线地同情别人是不理智的，如果我们的悲悯不设防，那么最终伤害的可能是我们自己。

慎用悲悯，把它留给我们喜欢的人，把它留给懂得感恩的人，这才是对这份高尚情感最美好的礼遇。

第四章

年轻的时候不要
局限于稳定

命运馈赠你安逸生活的同时，
也收走了你实现梦想的勇气。

平凡确实可贵，
但平庸却很可笑

　　人生而平凡。平凡是我们每个人出生时的自带属性，无论你有多少优点，放在人海中可能也只是一滴水而已。可是，如果因为这样就甘愿只做一滴水，除了随波逐流流入海洋，就没有其他的价值，这就不再是平凡，而是平庸了。

　　获得奥斯卡金像奖6项大奖的电影《阿甘正传》就讲了一个平凡人物创造伟大人生的故事。阿甘是一个智力有缺陷的孩子，他的母亲从小就教会他一件事——奋力奔跑。阿甘小时候奔跑，是为了躲避同学的嘲笑和欺凌；长大了奔跑，是为了躲避战争的子弹。再后来，他也不知道为什么，还在一直奔跑。阿甘奔跑了一生，看似平凡无奇，却绝不是碌碌无为。因为他靠着快速奔跑，跑进了橄榄球队，跑进了大学，跑出了与众不同的人生之路。

　　同样获得了很多奖项的电视剧《平凡的世界》讲述了同样的道理。主人公孙少平出生在资源匮乏的陕北，但靠着自己勤劳的双手和意志，不但改变了自己的命运，还带领全村致富，成为那个时代的先锋人物。

阿甘平凡吗？很平凡。他是一个智力有缺陷的孩子，但他做的事情比很多人伟大无数倍。孙少平平凡吗？很平凡。他只是千千万万农民中的一个，但他达成了很多出身比他好、成长环境比他好的人都无法达成的卓越目标。他们都没有以平凡为借口，安慰自己、麻痹自己，告诉自己平凡可贵，并因此而懒惰、颓丧，相反，他们竭尽所能地把每一件小事做到极致。但是，现实生活中，很多人连这个也做不到。

我有一个多年前与父母来往密切的亲戚，就是如此。

那时，我刚上大学，每每听到亲戚和父亲在饭桌上侃侃而谈，总是兴趣盎然，搬个凳子坐下，加入他们。

当谈到对未来的打算时，我兴冲冲地描绘我的梦想，构建我未来的蓝图。亲戚却轻蔑一笑，咂摸了一口酒，开始大谈平凡可贵。什么女孩子家在外闯荡会吃亏，多少人都碰得头破血流，外面的世界不像歌里唱的那么精彩，反而是风险重重，毫无温度的；什么做成一件事需要付出的艰苦根本是我想象不到的，他敢肯定，我受不了那样的艰辛，所以还是早早地嫁人享福去，别瞎折腾；什么这辈子钱多钱少都是生不带来、死不带去的，够吃够喝就行了，不要眼馋有钱人的生活……

我听了之后心里很不舒服，为什么他要把自己的标准强加在我身上，我想要的生活凭什么由他来决定？父亲看出我的不忿，悄悄对我耳语，只要看他是个什么样的人，就能明白为什么他会说这样的话。

于是，我观察起这个亲戚来，他常年穿着一套旧运动衫，配上磨得快没有后跟的布鞋，在一个20年都没有升迁过的岗位，拿着一份刚刚够吃饱饭的工资，整个人看起来黯淡无光，似乎只有烈酒下肚，那张颓败的脸上才会现出一丝笑容。

父亲告诉我，这位亲戚从20多岁到现在50多岁，从来没变过，也从来没想改变。他清醒时感叹平平淡淡才是真，喝醉了却借着酒劲指桑骂槐，把那些比自己优秀的人全都揣测了一遍，到底是意难平。

原来他并不是真的甘于平凡，而是无法接受自己太过平庸，才会用平凡可贵之类的话来安慰自己。

这样的人并不少见，我们身边总有这样那样的亲戚，打着"为你好"的旗号，对你的人生指手画脚。殊不知这只是他们的一厢情愿。高级的相处不是站在自己的立场来指导别人，而是以旁观者的姿态为他人解惑，以尽可能理解对方的心态去帮助他们。一人计短，两人计长。人都是赤手空拳地来到这个世界上的，没人会比别人更高级。所谓不平庸，只不过是希望人人都能发现内心的火光，沿着火光坚定地走下去。不论流多少汗、吃多少苦，只要对得起自己，就是真正的人生。

"我曾经跨过山和大海，也穿过人山人海。我曾经拥有着的一切，转眼都飘散如烟。我曾经失落失望，失掉所有方向，直到看见平凡，才是唯一的答案……"这是朴树演唱的《平凡之路》的歌词片段，它的名字虽然叫作《平凡之路》，但其中蕴含的情感却一点都不平凡。它包含了人对理想的热烈追求和青春时期的徘徊与迷惘。我们从旋律中听到悲壮，从歌词中品出伟大，这是真正的平凡的意义。

有人说，没有在深夜痛哭过的人，不足以谈人生。而我认为，没有经历过非凡人生的人，不足以爱平凡。

平凡的确可贵，但那是在人生中奋勇向前，摔过、痛过却也幸福过、感动过的人，才有资格去谈论的话。如果没有经历过，就只不过是平庸者为自己找的借口。无论平凡多么可贵，都不能成为平庸者用来自我安慰的借口。

最靠谱的投资，
莫过于投资自己

"股神"巴菲特曾表示，一个人能做出的最好投资就是"投资自己，让自己立于不败之地"。这样的投资，税收机关不会对你征税，甚至通货膨胀也无法影响你。没有人能带走你自身学到的东西，每个人都有这样的投资潜力。

是的，舍得在自己身上花钱，把资源转化为刻进自己骨髓的本事，谁又能拿得走它呢？

投资自己，不是"包装"自己

一说到舍得在自己身上花钱，好多人可能会对此产生误解，认为满足自己的物质需求就是舍得在自己身上花钱。

有一篇火遍朋友圈的文章，标题叫作《"伪精致"正在慢慢毁掉年轻人》，说的是很多年轻人不考虑自己的收入，只买贵的、大牌的商品，不顾基本涵养和内在修炼，一味地用华丽的物质堆砌自己的"精致"，目的就是要成为人群中最耀眼的一个。结果，信用卡账单的数额越来越大，内心也越来越空虚。

包装自己是为了掩盖内里的肤浅，但投资自己是为了锤炼、丰富自己的内心，所以，花钱提升外在条件只是在包装自己，而不是投资自己。

投资自己，第一步就是摒弃那些拖垮你的坏习惯

每个人身上多多少少都会有一些坏习惯，小的可能无伤大雅，大的就可能影响一个人的生活状态。

我的朋友晓晓，是一个非常漂亮的女孩子。但由于在选择岗位时有一些失误，她被分配到了离城市很远的一个村子里，交通不便，购物也不便，连水果和方便面都要从市里买好再带到工作的村子。或许由于心态有些失衡，晓晓每逢周五晚上，都会去市里。晓晓换下朴素的工作装，打扮一新，呼朋唤友，从晚上9点开始，先是去KTV唱四五个小时的歌，接着找烧烤摊或酒吧，再玩两三个小时。半夜回到家后感觉又饿了，洗完澡再吃一桶泡面，临近天亮才睡下。第二天下午2点起床，再重复前一天的生活。

几年过去，晓晓白皙光洁的脸上出现了黄褐斑，原本紧致的

眼周皮肤被鱼尾纹占领，曼妙的身姿也开始发福。那些年昼夜颠倒的陋习拖垮了晓晓，她很后悔。现在的她不仅不再美丽，连日常工作都有些力不从心了。

由此可见，一个长期的坏习惯真的有可能拖垮一个人。

所以我们要坚决摒弃坏习惯，把自己调整到积极向上的状态，为更好地投资自己打下坚实的基础。

投资自己，培养优质的爱好

有的人可能不理解，爱好是发自内心的真正喜好，怎么培养呢？其实很简单，你之所以对很多事没有兴趣，只是由于对它不了解，在了解的过程中，只要有一个环节对你的胃口，你就完全有可能对其产生浓厚的兴趣。

同事华子是一个文艺青年，写作之余最大的爱好就是看电影。但有一天，他忽然告诉我们，他已经成为某品牌手机的主题设计师了，我们都大吃一惊。细问之下才知道，原来这源于华子喜欢自己做手机主题的爱好。

1年前，华子换了一款新手机。用他的话来说，那款手机什么都好，就是主题太难看，用起来毫无视觉美感。花了好几天，华子都没有找到自己喜欢的主题，于是索性自己动手设计起来。

做着做着，华子喜欢上了设计手机主题这件事，于是越做越好。某次华子将自己设计的手机主题分享到网上，被一家网站看中，他们签订了长期合约。

在此之前，华子根本不相信自己会对设计手机主题这件事产生兴趣，更不敢想象这能成为他赚钱的一项技能。但生活往往就是这么有趣，你不去试试，怎么知道自己的爱好能不能为你赚钱？

所以，培养一个优质爱好，是投资自己的关键步骤。

投资自己，把有限的资金花在无限的可能上

《拆掉思维里的墙》一书中写到一个人生试验。

已知小强和小明的家庭背景和学历条件都一致，当他们有了一些财富积累时，小强选择了支付一套房的首付，而小明选择了投资自己。

接下来的几年里，小强因为背着房贷，不敢有大的花销，生活小心翼翼，维持温饱就已经很不容易，更别说什么学习进步。而小明则完全不同，他把那笔钱用于报培训班、买书籍、拓展人脉关系，每年在简历上稳定地增加一个认证，人脉圈子的广度达到小强的12倍之多，升职速度也几乎是小强的2倍。

　　10年后，小强在一家企业做到了经理的位置，年薪20万；小明则用5年时间在一家公司升到经理之后，就跳槽到了另外一家企业，从经理做到了总监，又与两个朋友一起创业，有了股份，年薪大概68万。

　　由此可见，投资自己，不仅能在收入上领先，更能在未来的发展道路上拥有无限的可能。

　　每个人拥有的资源都是有限的，合理分配资源，以投资者的思维方式督促自己、提升自己，去活成自己喜欢的样子。

选择正确的方向，
比努力更重要

和我留在同一个城市的高中同学有十几人，虽然毕业多年，但我们之间的友情依然深厚，时常会找个地方聚一聚，联络一下感情。观察众人的变化是一件有意思的事情，有的同学上学时毫不起眼，经过几年的打拼初露锋芒；有的同学在高中时呼风唤雨，但走进社会之后却变得郁郁不得志。

大家都在外面打拼，也都非常努力，但为什么曾经处于同一起点的同学会产生这么大的差距？虽然说付出总有回报，但回报相差很多，凭什么大家都在努力工作，职位却差好几级，工资差好几倍？努力有错吗？坚持有错吗？

努力没有错，坚持也没有错，前提是走在正确的道路上。

在转行做演员之前，朋友的朋友曾学了6年民族舞。她身体的韧性较差，再加上没有任何舞蹈功底，练习起来总是格外费劲，连基础的下腰、横跨、劈叉都做不到。所以在北舞附中的6

年里，她去的最多的地方就是练功房。因为她知道，比起别的同学她并不算优秀，所以她要加倍刻苦地练习。但即使如此拼命努力，她还是没有成为顶尖舞者。后来，她意识到自己选择的道路不对，便毅然转行，考入中戏，这才有了后来的"影后"。

当我们还处于懵懵懂懂的年纪时，我们按照父母和老师的要求努力学习，那时候我们没有选择，人们对我们的评价标准就是考试成绩。可是在现实生活中，付出的努力往往没有那么立竿见影，很多事情不再像做题和考试一样具有紧密的因果关系，努力并不一定能够带来回报。

曾经听一个做旅游类杂志的编辑同行说起过一件事。她每天收到的稿件很多，在这些稿件中，有一部分与杂志定位完全不符，会被直接筛除。但她一般不会直接告诉作者真正的原因，毕竟数量太多，她的首要职责是挑选合适的稿件，而不是改善不合适的稿件。

所以在通常情况下，这些投出不合适稿件的作者得不到任何回复，稿件投出之后犹如石沉大海。但当她还是新手时，她对所有投稿者都抱着一种尊敬的心态，每次都委婉地回信、退稿，建议作者能够换别家再投。

一般来说，被连续退稿几次的作者能够自己想明白原因，也就会换一家再投，要不就老老实实按照征稿要求写。但有一位作者，文章虽然写得不错，可就是与杂志的征稿要求无关。差不多有一年的时间，作者孜孜不倦地投稿，编辑朋友也渐渐失去了回复的耐心，最后甚至一看到这位作者的稿子就跳过。

对这位作者来说，他很努力，笔耕不辍，但他不听编辑委婉的提醒，反而在错误的路上越走越远，即使他再努力也无异于南辕北辙，因为杂志不刊登这种类型的文章。所以，有时候不是你努力与否的问题，而是在错误的方向上执着、较劲，不听别人善意的提醒，一条道走到黑，最终只会让人厌烦。如果你为一个目标努力了很久却没有效果，那么或许应该审视一下是不是自己努力的方向错了，及时调整、及时止损，也许，下一步你就成功了。

人生中有很多失败并不是因为自己努力得不够，而可能只是因为暂时还没有找到最适合自己走的那条路。一旦发现自己"搭错了车"，就要及时下车，重新选择正确的道路，这样才能更快地走向成功的目的地。

无论做什么事情，在开始努力之前，一定要认真思考你所选择的道路是否正确，只有走在正确的道路上，才能充分发挥自己的才能，否则你越努力，离成功的目标就越远。

前些年，网上有这样一条热门微博：千万不要自己感动自己。大部分人看上去很努力，不过是愚蠢导致的。比如熬夜看书到天亮，连续几天只睡几小时，很久没休假，等等。如果这些也值得夸耀，那么工厂流水线上的任何一个人都比你努力得多。人难免有自怜的情绪，但是，唯有时刻保持清醒，才能看清真正有价值的事情。那些生活中你觉得很努力的人，也许没那么勤奋，假如你在正确的道路上坚持行动，超过他们可能也并不困难。

所以，在做事情之前，请静下心来好好想一想自己喜欢什么，擅长什么，该选择什么样的人生道路。只要努力的道路正确，你的坚持就真正可贵，你的每一滴汗水就流得值得。功夫不负有心人，这时候的努力必定能得到相应的回报。

不必活在别人的期待里

　　每个孩子大概都做过这样的噩梦——被父母指着鼻子说道："你看看别人家的孩子，学习好又听话，还能帮家长做家务。你再看看你，能比得上别人的一点点，我就无欲无求了！"

　　"别人家的孩子"成了评价我们是不是好孩子的标准。我们深受其害，心中怨懑丛生。于是，这些"别人家的孩子"可能从小就人缘不好，我们不喜欢和他们玩，他们似乎也不屑参与我们的小团体，就那样高高在上，活成别人的榜样和标杆，活成功能性强大但个性模糊的人生角色。

　　成年之后，我仍然对这些"别人家的孩子"存有刻板印象，直到我认识了一个真正的"别人家的孩子"——夏天。

　　夏天是一个各方面都很优秀的女孩。家境优渥、学历耀眼、外表清雅、谈吐不俗，让人一看就十分有好感。而且更难得的是，如此优秀的夏天没有一点架子，平易近人，和谁都能打成一片。

我们熟了之后，偶然聊起"别人家的孩子"这个话题。夏天无奈地笑了笑，说他们其实压根不像我们一直以来认为的那样，反之，他们既累又孤单。

小时候想和其他小朋友一起玩，但其他小朋友对她不友好，不带她玩。偶尔有一两个愿意和她一起玩的，也总是因为各种事情错失。

长大后，身边的同学虽然不再像小孩子一样搞小团体。但她身上的负担越来越重，功课要门门考第一，在兴趣班里不能松懈，在运动场上也不能屈居人后。慢慢地，她越来越忙，没有一点时间和精力与朋友胡侃玩闹，朋友也都渐渐远离了她。在那么美好的青春岁月中，她只能一个人默默前行。

参加工作之后，她既没有理想也没有目标，既没有闺密也没有男友，唯一坚持的信念就是达到父母对自己的期许，不让含辛茹苦培养自己的父母失望。于是，她拼命努力，积极向上，业绩越来越好，父母也越来越高兴，不过，她却越来越疲惫、孤单。看着身边的同事都在为一个个小目标的达成而由衷高兴，作为人人羡慕的榜样、众人中最好的那一个，她却一点都高兴不起来。

夏天找到平时走得较近的同事，想寻找答案。同事向她提了一个问题："你这么努力，是为了什么？"夏天有些迷茫，一直以来她都活在父母和领导的期待里。为了达到这个目标而完成整个人生，难道还不够吗？

当然不够。只有真正为自己去做一件事，才能得到发自内心的幸福和满足。聪明的夏天立即找到了自己的症结。在往后的日子里，她慢慢从父母和领导的期待中解脱出来，开始思考自己到底想要什么。

夏天的妈妈说，化妆品会伤害皮肤，希望夏天能保持素颜，做一个本真、质朴的女孩。但夏天看到同事涂的口红很美，整个人看起来精神焕发。于是，她照样买了口红，发现了新的自己。

夏天的爸爸说，在人际交往中要一碗水端平，对所有同事都一样，才能得到别人的友善对待，希望夏天做一个与人为善的女孩。但夏天觉得，有一些满嘴荤段子的男同事非常让人讨厌，她不想忍耐，就直接反驳了他们。

夏天的领导说，在工作中要主动为同事承担事务，这样才能相互团结，相互促进，希望业务能力最强的夏天能起到带头作用，为领导分忧。但夏天觉得，每个人都有自己的职责，不同岗位的分工划分得非常明确，工作完不成可能是能力不足，她的业余时间还有很多自己的事要做。

从那以后，夏天就以自己的喜好来打扮自己，以自己的理想来促进自己，以自己的方式来与外界交流。在这个过程中，她还改掉了很多从前的小毛病，变成现在我看到的内心笃定、拥有温和态度的夏天。

"我之前好像是一个旁观者，总是站在一旁对自己的人生冷眼旁观。但现在，我是自己人生的绝对主角，这种感觉真好。"夏天用这句话总结了自己人生的前25年。这让我想了一部经典电影——《三傻大闹宝莱坞》。

"三傻"中的拉珠家庭背景特殊，父亲病重，姐姐待嫁，家庭的希望都寄托在他一个人身上。家人希望他从名校毕业之后，能带领家庭彻底走出困境，于是，他在手上戴了8个戒指，每个戒指都是一份期待，他被这些期待压得喘不过气。拉珠经历一次生死劫难之后才大彻大悟，当他把戒指全部取下时，我在银幕前感动得落泪。

人生路漫漫，不要再因为别人挑剔的目光而耽误自己。诚实地面对自己的内心，找到自己真正想要的生活，别人的期待由别人去完成，你只需要完成对自己的期待就好了。做自己，是世界上最棒的事。

不要急于努力，
卖力不等于效率

有人说，3月不减肥，4月徒伤悲。经不住朋友的怂恿，我办了一张健身卡，决心与积累了一冬天的肥肉斗争下去。

结果肥肉还没减下去，倒是在健身房里发现了一个有趣的现象。大部分在跑步机上疯狂流汗的人都属于偏胖身材，而那些型男靓女，则喜欢待在器械区做力量练习，他们通常集中练完一个部位，拉伸几个回合就走了，不流汗、不大喘气，看起来似乎是轻松愉快地拥有了好身材。

后来我的私人教练告诉我，之所以会出现上述情况，是因为做力量练习的老手们都懂得一个道理，减脂最好的方法是先增肌，肌肉含量提高了，新陈代谢率也会提高，热量进入身体以后很快被代谢掉，就不容易囤积脂肪。而如果只是做跑步这类有氧运动，减肥效果并不会太好。

难怪跑步机上的人们气喘吁吁、汗流浃背，身材却比去器械区的人们差了很多。这个有意思的现象让我想到，如果在一件事情上付出极大的努力，却被别人轻松超越，那么大概是方法出了问题。

如果在减肥前稍下功夫去了解减肥知识，哪怕只是上网查半个小时，也能找到足够多的资料，进行科学的训练。但很多人仅凭不知何时、何处听来的"减肥就等于节食加跑步"的信息，就一股脑儿地在跑步机上疯狂锻炼。节食加跑步对减肥有用吗？的确有用，但这并不是最高效、最科学的方法。俗话说，磨刀不误砍柴工，在开始努力之前，找到正确的、合适的方法才会让你事半功倍。

回想一下，在学生时代，成绩最好的同学从来都不是从早到晚抱着书看的人。而且学霸往往多才多艺，也有很多的休闲时间，有很多的课余爱好。这是因为他们在动手学习之前，会把时间先花在思考上，选择最适合自己的方法。一旦确定，便会投入时间和精力将其完成到最好。

而那些成绩平平却又刻苦的学生往往不懂得思考，老师和家长说什么就听什么，凡事先做再说，最后才思考为什么。他们懒惰吗？并不是，他们花费的时间、流下的汗水比学霸多得多，但他们不爱动脑筋，所以无论他们怎么努力也赶不上学霸。

小米科技董事长雷军说过这样一句话："永远不要试图用战术上的勤奋，去掩饰你战略上的懒惰。"**真正的努力和勤奋并非流于表面，不能像一头被蒙住眼睛的驴子一样只顾埋头狂奔，张开眼睛，勤于思考，找准努力的方向才能事半功倍。**

日本的企业一向有加班文化，员工每天早出晚归，还得保持一副精神抖擞的精英模样。但据我在日本留学的同学说，实际上，有很多人都只是在公司里装样子，做很多没效率的工作来打发时间。他们习惯于各种会议，埋头于一堆烦琐的文件之中。为了给领导留下勤奋努力的印象，即使完成了全部工作，到了下班时间，也要留在公司装作勤勉工作的样子。其实，这是一种"无效努力"。

真正的努力不是比谁花的时间更多，谁加班更晚，谁把自己搞得更惨，而是全心投入，用专注和热情持续浇灌工作。以古人磨面为例，有人自己推磨，从早到晚，累到脚瘫手软，磨出的面粉不过一袋；有人研究河水流向，制造水车，以水流带动石磨，他只要舒舒服服地躺在床上，一天就能磨十袋面粉。论努力，前者的努力十倍于后者，但是论成效，后者可能超过前者十倍甚至百倍。

你身边是否也有这样的人：在你懵懂无知，还不知道将来要做什么的时候，他已经早早定下了目标，一步步朝着那个目标走去；当你迷迷糊糊地在社会上打转，四处碰壁，甚至碰得头破血流时，他却稳扎稳打，越爬越高。你吃的苦，流的汗水、泪水比他多得多，但你们之间的鸿沟，已远非汗水可以填平了。

连岳老师曾说："低端勤奋，不需要动脑，精疲力竭后，感动了自己，导致他们不可能提升自己，没办法让自己更值钱。"不要做低水平的努力，而是要努力提高自己。真正的努力和勤奋并非流于表面，勤于思考，找准努力的方向才能获得数倍成效。

荀子在《劝学》中也表达过，终日思索得到的，不如片刻学习得到的多；踮起脚拼命张望，不如站到高处看得远。你的努力，如果通过适合的方式来进行，取得的成果会加倍放大。

所以，在你开始努力之前，好好思考一下，自己是不是已经用了最好的方法。如果没有想清楚，那你不妨暂时停下来，去学习、思考。不要着急努力，学会利用周围的一切条件，最大程度地利用它们，这样你的付出才能换来更大的成功。

年轻人可以贫穷，
但千万不要有贫穷思维

　　19世纪的第一个亿万富翁、美国石油大亨约翰·洛克菲勒说过一句话："整天工作的人，没有时间赚钱。"这句话乍一听很矛盾，工作是我们重要的收入来源，按照常理来说，应该是越努力工作，收入越高，可现实真的是这样吗？

　　认识罗律师几年来，他给我留下了深刻印象——不是在办案，就是在去接案子的路上。他总是非常勤奋和忙碌，别的律师工作时，他也在工作；别的律师休息时，他还在工作。每次见到他都只有几秒钟打招呼的时间，总以"来了？等我忙完这个案子咱们吃个饭"一句话匆匆结束，但永远也等不来他的那顿饭。

　　罗律师家庭条件不太好，又刚添了一个小宝宝，妻子辞职待业，全家的重担都压在了他的肩上。律师是众人眼中的高薪职业，罗律师如此努力，应该收入很高，衣食无忧才对。但是，他的妻子说，家里依旧拮据，钱都花在孩子身上了，他们小两口好长时间没买过一件新衣服了。

　　这让我感到很奇怪，我心里甚至有些为罗律师愤愤不平，难道真像电视剧里演的那样，罗律师被上面的老律师压榨，干活多、得钱少？我决定找他好好聊一聊。

　　结果再次出乎我的意料，罗律师自己就是老律师，他手底下的人都觉得跟着他不好混而申请调离，跟随别的律师去了。一问原因，原来是罗律师太"努力"，他把一些日常的小业务都握在自己手里，只为了那几百块的"文书费"。这让他手下的律师助理们觉得自己没有用武之地，于是纷纷离开。最后，罗律师越忙越"努力"，越"努力"越忙，但收入还是平平无奇。从业七八年，罗律师的薪水连翻一番都没有实现，而与罗律师同期入职的律师们，大多都已经在自己的领域内风生水起，既减了负又增了收。

　　说到这里，你大概已经看出一些门道了。为什么罗律师这么努力却依然贫穷？问题其实出在罗律师身上。作为一个拥有多年资历的老律师，他需要做的不是事必躬亲，而是学会放权，将自己的业务分门别类，让手底下的人各司其职。这样既满足了其他人增加收入和追求上进的需求，也可以使自己从繁忙中解脱出来，把眼光放在扩充或打破固化资源上，做更重要的事情，让自己获得更多的资源和机遇。

有一个笑话：几个乞丐在大厦前闲聊，乞丐看到出入大厦的人们很是羡慕，纷纷憧憬起来，如果有一天自己有钱了该怎么花。甲乞丐说，一定把街口那家卤肉店包下来，吃个三天三夜；乙乞丐说，一定要打个出租车在城市里来回转上一整天；而丙乞丐则说，要给自己打造一个纯金饭碗，用于日后乞讨。

让人啼笑皆非的话语，告诉了我们一个道理：你可以穷，但千万不可以有贫穷思维。

网上有一句话非常流行，叫"贫穷限制了想象力"，其实限制我们想象力的不是贫穷，而是贫穷的思维模式。

贫穷思维阻碍认知

贫穷思维是浅薄而短视的，担心露怯，担心被超越，这会导致人故步自封，只敢在有足够安全感的"舒适区"内活动。久而久之，圈子的稳定导致人的认知固化，于是，人犹如坐井观天，还固执地认为天就是自己看到的那么大。

而认知是决定一个人价值的关键因素，但认知很容易受到周围环境的影响，因此培养高端和科学的认知，最重要的就是扩大自己的容器，而不是担心自己杯子里的水被别人吸收。

贫穷思维削弱判断

在科技高速发展的当代，我们想要获取信息并不困难，困难的是我们应该如何从众多信息中筛选出有效信息。贫穷思维告诉人们，陌生的、排他的都是危险的。一旦在脑子里有了这样的定论，人们往往就只会接受自己感性偏向的说法，在繁杂的信息中失去判断力，然后遭到现实倒逼，越努力越不顺。

大到社会形势，小到工作任务，将信息整合成资源，建立"一切可用者都为我所用的"思维模式，是高效完成工作的一个必备技能。

贫穷思维毁灭勇气

不破不立，任何一场变革都需要具备极大的勇气。但因为穷，所以谨小慎微、畏首畏尾，为了保住不多的财富而奔忙，想的不是如何增多财富，而是只有这一点点财富，一定要守住别再失去。这样的贫穷思维决定了一个人永远无法踏出突破自己的那一步，只要一想到穷，理想就会从做个成功人士，变成吃饱一口饭，主观能动性作用于客观事物，以后的生活也就真的只能吃饱一口饭。

你没钱，真的不是因为你不够努力，而是因为你缺乏赚钱的思维。培养赚钱的思维不在于你认识多少优秀的人，也不在于你拥有多么庞大的资源和背景，而是在于你的见识和是否拥有战略性眼光。不要总是待在舒适圈，而要勇敢地跳出圈外，到外面走一走，看一看。

所以，真正厉害的人是跨学科的牛人，有更宽广的眼界和格局，能够在不同思维路径上找到交会点，并且建立全新的认知坐标。一个真正的商业大咖不一定是最有钱的人，但一定是可以将资源整合、拥有超前思维、敢闯敢于创新的人。

年轻的时候不要局限于稳定

某天晚上接到爸妈的电话，聊了一通家长里短之后，他们又老生常谈地提起让我回家，省得在北京漂泊无依的话题。这个话题在我们之间已经来回了好几年，我从最初的激烈反抗，到后来的沉默应对，现在已经能心平气和地听他们说完。

爸妈说起邻居阿姨的女儿小云，说她已经是一位母亲了，言语间不无羡慕之意。虽然没有明说，但我很明白他们话里的意思：想让我跟小云一样，回家找份稳定的工作，找个人结婚，踏踏实实地过安稳的日子。

但他们不知道的是，我和小云一直都有联系，她曾告诉我，这种安稳日子，她过得并不快乐。

小云家境不错，学习成绩也好。高考后，以她的成绩本来能上北京的顶级大学。但在父母的劝说之下，她最终还是选择了省内的一所普通高校，选择了离父母近一些，不必独自闯荡的安稳日子。

从那天起，小云的生活开始按部就班。毕业后考公务员，父母也早早地给她买了房。等她工作稳定后便开始相亲，找的是一个家庭、工作都与她很适合的人。她的生活就仿佛一趟经过精密计算的列车，在牢固的轨道上平稳且安全地行驶着，什么时间到达哪个站点都被安排得清清楚楚。但是，走着走着，突然有一天，她对这种一眼看得到头的生活感到了厌烦和恐惧。在"稳定的日子"里迷失了自己，她不知道自己该干什么，不知道干什么能产生不一样的价值。

我很清楚她的困境，因为当初我选择留在一线城市打拼之前，也认真考虑过这个问题，做出决定的根本原因就是需求得不到满足。

我所说的需求并不是车、房、钱这些物质条件。小云家境富裕，生活水平早已在小康以上，她也并不是缺少关爱，她家庭关系和谐，丈夫疼爱，公婆有礼。

马斯洛需求层次理论告诉我们，人类的需求分为生理需求、安全需求、社交需求、尊重需求和自我实现需求5个层次。简单地说，最底层的生理需求就是吃喝，其他所有的需求都是建立在吃饱穿暖的基础上的。人只有填饱了肚子，不会挨饿，才有可能考虑更高层次的需求，比如安全需求——生活在有一定安全感的社会，或者生活中有一定的力量能够保护自己，所处的环境中没有混乱、恐吓、焦躁等折磨。所有这一切，总结起来就是两个字：稳定。

我们的父辈大多对"稳定"异乎寻常地执着，毕竟这两个字让他们感到安全，心里踏实。在老家工作，每个月能稳定地拿到三五千块钱工资，生病了有家人照顾，这很安全。可如果在一线城市工作，就算这个月挣到了两万，下个月也有失业的风险，租房还有被房东赶出来的可能，生了病也只能自己扛……这让我的父母觉得没有安全感，所以他们才一而再再而三地让我回老家。但是他们不知道，除了生理需求和安全需求，人还有社交需求、尊重需求和最高层次的自我实现需求。

我需要有谈得来的朋友，我需要被人尊重，更重要的是，我想要实现自己的价值，得到社会的认可。这是我和爸妈冲突的所在，也是小云迷惘的根源。

小云骨子里是个文艺青年，她喜欢诗歌，上学时候经常写一些文章投稿到报纸、杂志，有几篇还曾被刊登出来。她的梦想是写一本小说，这在马斯洛需求层次里已经属于自我实现需求了。但她身处的环境，没有人与她谈论这些东西，也没有人支持她的梦想。她生活安逸，每天按时上下班，时不时聚会、郊游，这一切都在消磨她的锐气。追逐梦想的路上荆棘遍布，在安稳的生活里养尊处优的她承受不了这份苦楚，路的远方是她的梦想，但她只能在路口张望，心中充满迷茫。

如果不是需要担心下个月的房租和饭钱，我不会常常加班到深夜；如果不是为了那套漂亮的公寓，我不会拼命学习、进步；如果不是为了在生命中留下一些我来过的痕迹，我不会时刻自律，想尽办法往上游。为了获得我想要的一切，我只得放弃稳定，坚守心中那一丝火光。

茨威格在《断头王后》里写道："她那时候还太年轻，不知道所有命运赠送的礼物，早已在暗中标好了价格。"命运馈赠小云安稳的生活的同时，也收走了她实现理想的机会。

我曾经问小云："如果时间可以倒流，你当初会怎么选择？"

小云说，她会选择离开家，背上行囊出去闯一闯。

那么，你呢？

第五章

优秀的人，都是想到就做到

一个执行力强的人，
他的人生遗憾一定少很多。

优秀的人，
都是想到就做到

朋友娟娟自从辞职之后，一直没有找到新的工作。她有很多关于工作、工资的构想，但她没有投出一份简历。每天早上她想行动的时候，手都不自觉地点开了手机上的游戏。

半年过去了，她的工作没有半分进展。她每一天都立志要去做，去改变，但是一想到自己要面对的困难，就连投简历的勇气都没有了。

她的这种消极的态度，总是会让我想起一句话：做，才能改变。

那些能够超越同龄人的人，往往都有这样一个优点：除了有远见外，还特别能吃苦，他们的执行力往往甩同龄人几条街。

缺乏执行力，人就会焦虑、迷茫。这样的人会深深地陷入无力的状态，很难从中走出来。去做，是改变人生最直接有效的方法。

记得我曾经问一个编剧界的前辈，写剧本最重要的是什么，他说，打开你的稿纸写下第一行字。

当然，我知道他这是一种夸张的说法，其实他的意思就是，与其停留在空想的阶段，不如把一个不那么好的点子先落实了，再在现有的基础上有的放矢，这样才能行之有效。

一个人在舒适的环境里待久了，无论多么想改变，如果不去执行，最终还是很难取得大的成就。

马云有一句非常经典的话：你如果不做，就像"晚上想想千条路，早上起来走原路"的道理一样。

如果不能落实到行动上，想得再好，其实也只是一句空话。所以，想要变得更好，首先得学会行动。等待、默默发力都不算准备，只有跨出第一步才算是真正意义上的执行。

我们惊叹很多因绯闻缠身而逐渐淡出人们视野的明星，在沉寂一段时间后又重新成为人们谈论的话题：他们有了新的作品，人们便重新接纳了他们。

事实上确实如此，与其声嘶力竭地自证，不如拿出新的作品。

我曾经看过一部非常励志的美国电影，电影中有一个小伙子急需工作，因为他要养家糊口。他问了很多家公司，终于得到了一个面试的机会。当对方与他谈好条件后，经理突然进门了，在已经谈好的条件上加了一条——希望对方会开车。

驾驶恰恰是这个小伙子的短板，可是他又不能失去这份工作。因此，当经理问他会不会开车的时候，他撒了一个谎，他告诉对方自己会开车，而且车技很好。但事实上，他连方向盘都没有摸过。对方告诉他，4天之后复试，到时候需要他展示自己的开车技能。

小伙子答应了。

没办法，回到家的当天，小伙子就租了一辆旧车，在朋友的指导下开始练习开车。第二天他就开得像模像样了。到第三天的时候，他就已经能熟练地开车上路了。到第四天参加复试的时候，公司的人看到他的驾驶姿态，以为他是一个开车的老手，便将这份工作给了他。

一流的执行者不会等待，他们会想办法弥补自己的短板，看看哪些短板是自己当下就能弥补的。当他们面对问题的时候，他们首先会觉得那些问题就是自己的问题，要主动地、有创造性地去解决。

当然，电影中的这种状况，是在某些极端的条件下才会产生的。现实中那些厉害的执行者，无论这件事情与自己有没有直接关系，也无论自己的职位多么普通，遇到问题的时候，他们都会当仁不让地想办法解决，主动承担这件事的责任，而不是推卸和回避。

勇于面对困难、解决困难的人，想不成功都难。

成功的道路并不拥挤，因为主动思考和投入执行需要克服自己的惰性。在工作中，很多人就像机器人一样，执行时很死板，被动地遵守常规。他们不愿意去思考，不愿意去行动，他们想让别人成为自己的大脑，而自己只需要在别人的指挥之下，干好分内的事情即可。

事实上，一个人只要愿意主动行动，就已经超过了世界上的大多数人了。

在职场上，那些善于思考、善于发现、善于总结和有执行力的人，总是能获得先人一步的竞争力。

那种想法很多、在行动方面大打折扣的人才会充满焦虑。

只要你时刻围绕"如何行动"这个路径去思考，长此以往，即使在平凡的岗位上，也能做出有价值的创新和改变。

泰国有一个很有趣的公益广告，讲的是一个胖女孩如何改变的故事。这个胖女孩去拜神，神告诉她，每天从山下往山上担水，只要她将山上的那口枯井灌满即可。胖女孩开始行动，她每天都提着两桶水，从山下提到山上，再把这两桶水倒入枯井之中。

如此坚持了七七四十九天之后，那口枯井终于要被灌满了。胖女孩对着井面，井水照出了她的容颜，原来，经过长时间的锻炼，她已经变得清瘦结实。

所以，决定人生高度的，从来不是什么虚无缥缈的"神旨"，而是说做就做的执行力。没有执行力，一切都是零。

正是执行力与执行力之间的差别，最终拉开了人与人之间的差距。

我曾经看到过一句很打动我的话：一个执行力强的人，他的人生遗憾一定少很多。

很多时候，没有去做也许是害怕失败。

但是，失败了又如何？怕别人笑，是因为你不够强大。坐而论道时想出一万个可能成功的点子，都不如把一件当下能做好的事情落实。

优秀的人，都是二话不说就把事情做了的人。只要有50%的概率，就去尝试一下。

认知水平越低的人越固执

朋友从悉尼回国的时候，一个男性朋友问她："悉尼是澳大利亚的首都吗？"朋友说："不是的，澳大利亚的首都是堪培拉。"

男性朋友大概有些羞愧，他辩解说："在国内，大家都会这样认为。"

朋友问男性朋友："你为什么会认为大家都这样认为啊？"

男性朋友说："反正我觉得就应该是这样的。"

朋友一直试图向男生解释澳大利亚的首都是堪培拉这件事，但是他始终固执地认为应该是悉尼。

就这样，他们的这次聊天不欢而散。

一个上网搜索一下就能明白的问题，这个男生却不愿意做，他只相信自己愿意相信的。这个男生缺乏常识，造成他缺乏常识的原因是他的固执和偏见。他不愿意打破自己既定的认知，想法单一。

人越缺乏判断力，就会表现得越固执。在现实生活中，你会发现，越是这样的人，你就越难以和他们沟通。

很多人在想帮助别人时，可能会遇到这样的情况——当你把成功的底层逻辑告诉他，甚至从各个角度帮他分析问题，提出中肯的建议时，他怎么都听不进去，非但听不进去，他可能还有自己的一套理论，认为自己看到的才是真相。

最常见的就是，一个因为爱情要死要活的女孩深陷感情骗局，外人一看就知道对方在骗她，但女孩固执地认为对方是自己的真爱，受伤时就寻求朋友的帮助，一旦男孩对她再次示好，她就马上回头投入他的怀抱。

再比如，你不厌其烦地让一个正在上大学的朋友少打游戏，多学点有用的知识，实在不行，可以看看外面的世界，多增长一下见识，对自己的事业、人生格局的提升都有帮助。但是朋友却认为文化、知识都没有用，遇到事情还是得靠金钱、关系、运气。你所有的建议都无法进入他的大脑，因为在他固有的认知里，他总会固执地寻找理由，固执地放弃努力。

前一段时间，我与父母交流工作上的一件事。他们说："你每天早上一定要早起，然后提前把领导的办公室打扫干净。"

我说："现在办公区有专门的保洁阿姨，我去做这件事，不是抢了别人的饭碗吗？而且，不同的人擅长的事情也不一样，我并不擅长打扫，我擅长的是其他业务。"

当我告诉他们这个事实时，他们却固执地认为，是因为我太懒，早上起不早，所以才找了这么多理由。

当我把现代企业分工明确的事实说给他们听时，他们仍然固执地认为，早上把领导的办公室打扫干净会体现一个人的品格。无论我怎么摆事实，他们都认定我不做这件事就是因为懒。

我说得口干舌燥、气愤难当，甚至有把电话摔掉的冲动。

冷静下来之后，我便想：父母为什么这么固执地认为，多做这些我不擅长的、额外的事情，会让我获得领导的好感呢？

可能很大的原因就在于他们的认知。他们认为，工资的提升并不看业绩，而是看领导对你的喜欢程度。当我试图用我在公司里获得的认知给他们解释时，他们拒绝接受，始终拘囿在他们固化的认识里，任你怎么证明，他们都不改变自己的看法，因为他们认定自己经验里的那一套理论才是真理。

虽然这个世界已经变化了，他们却还活在旧的思维里。他们的世界是单一的，只有一种道理，完全不考虑这个世界的变化。

当一个人向下包容时，常常会出现这种情况。其实，"理解"只是一个结果，而并非过程。一个人的认知水平越低，其想法就越单一，越缺乏判断力，人就会表现得越固执。当人能理解他人的想法，并尊重这个世界的多样性时，他就不会表现出这样的固执。因为他知道，这个世界有和自己不一样的人。

这样的"固执"，其实是"顽固"，而不是"执着"。

这种顽固并不能说明一个人坚持原则，而是表明一个人无法面对真实，无法面对不同意见。

他们非但不能面对真实的世界和不同的观点，还会在你把这种真实的不同摆在他们面前时，表现得异常地敏感，一旦你打破他们狭隘的边界，试图让他们看见更广阔的世界时，就会遭到他们的抵制、反对和攻击。

它甚至会演变成过分的偏执、执拗，这时就很难再进步、再成长。

一个真正优秀的人，是愿意向别人、向这个世界学习的人。因为他们认识到，固执己见并不是一种优势，从某种程度上而言，太固执己见会妨碍自己的成长，妨碍自己认识更广阔的世界。

很多时候，恰恰是因为太过固执，阻碍了一个人良好个性的形成。太过固执往往会使人越来越偏激，越来越狭隘，越来越自闭。一个人缺少对世界多样性的包容和透析这个世界底层逻辑的认知，会抑制自己学习、思考和接受新鲜事物的能力。

美国心理学家乔治·凯利曾经提出"个人构念论"的观点。他说，一个人的构念是由个人过往的见识、期望、评价、思维等形成的观念。

是的，学习的过程其实是构建一个个模型的过程，将自己曾经看到过的东西，慢慢放置在我们的大脑中。当我们构建出来的模型越来越多时，我们处理同类事情就会越来越迅速，认知疆域也会越来越辽阔。

而当一个人认知能力低下，固执己见时，脑海里的个人构念就会趋向于单一，缺乏弹性。因为固执己见，他们的脑海中长期接触和构建的模型也只能是单一模型，在面对这个复杂的世界时，他们因为接受不了这种真实，反而会用他们固执和单一的认知去否定这种真实。

因为他们在漫长的人生里，并没有打开过更广阔的世界。

其实，只有那些有勇气见识到更广阔世界的人，才能拥有更深刻的认知和更加完善的交流能力。一个人只有获得越来越多的知识和经验，个人构念才会越丰富、饱满。

当下的世界是复杂的、多元的，我们无法用单一的答案去解决复杂的问题。面对同样的问题，我们不应执着于一种答案，而更应该去考虑多种途径，从中挑选出最优答案。

最简单的就是，当我们选择工作时，不应光看工作带来的单一价值，还应看工作能给我们带来什么样的晋升机会，以及从中我们能学到多少东西。

因为我们接触的世界更广阔，我们能从这个更广阔的世界了解到的东西也就更多，我们能发现的未知领域也就更多。

这就是为什么当一个人知道得越多时，越觉得自己无知。

当你的认知水平更高时，看到的世界也就更广阔，你无法再被拘囿在井底，只看到洞口那样大小的天空。你会跳出来，看到那个更广阔的世界。

所以，当我们越认为自己的观点没有问题的时候，就越应该警惕，或许我们只是局限在自己的固执里不自知而已。

舍得对自己下狠手，
生活才会对你温柔

表妹音音在微信向我上哭诉："我好倒霉，申请博士没过，小岚却过了。"小岚是她的朋友。

我说："这很正常啊，闭关的一年里，小岚对自己多狠心啊，你又没有多么努力。"

表妹回复了两个字：扎心。她没有否认我的话。她也承认，自己抱着某种侥幸心理，而小岚却认真准备了所有材料。

很多时候，人们都会觉得自己时运不济。但其实上天是公平的，没有多少人能拥有仅凭出身就让别人得"红眼综合征"的家世，没有多少人能轻轻松松找到大赚特赚、年终奖金丰厚的工作，没有多少人能拥有买彩票就中奖、连走路都能捡到钱的好运。

大部分人都是付出什么才有可能得到什么的普通人。

学姐明明做任何事情都只花别人一半的时间。比如，她学意大利语，就把自己关在屋子里，除了睡觉和吃饭，其他时间都在学习，甚至连洗澡的时候都不忘背单词。等到会一点日常口语之后，便提着一个行李箱直接飞到意大利去，硬逼自己与当地人沟通、交流。等她再回来时，她的口语已经非常流利。短时间内就做到这样的成绩，实在是令人惊讶。

领导石总决定减肥，对普通人而言痛苦万分的戒糖过程，她却真的可以做到一口不吃。聚会时端上来的蛋糕于她而言仿佛毒药，她避之唯恐不及，生日的时候也只尝一小口，就坚决不再碰。除此之外，她还天天风雨无阻地去健身房健身，那决心仿佛只有地震、台风、泥石流齐上阵，才能阻碍她的行动。后来，她成功地在两个月内减重20斤。

闺密云云的父亲生病住院时，刚好是她晋升的关键时期，又恰逢房子租期临近，她奔波两地，一边每天灌3杯咖啡提神，一边在医院跑上跑下，同时远程处理公司事务。病房里信号不好，她直接跑到医生办公室门口，蹲在地上抱着电脑开始工作，后来又用了5个小时的时间办好退房手续、收拾打包行李、搬家，所有事情一气呵成，一样都没耽误。忙到最后，父亲还是去世了，云云听医生宣布了这个消息之后，在卫生间独自哭了3分钟，马上又开始补妆，收拾心情出去见了公司的VIP客户，帮公司签了一个大订单之后，才又折回医院放声大哭。

就像作家廖一梅在《像我这样笨拙地活着》里描述的一样："我坚信，人应该有力量，揪着自己的头发把自己从泥地里拔起来。"

我觉得，这股力量就是狠劲儿。

很多人说"要对自己好一点"，他们所谓的"好"就是放纵和懒散。比如明明知道吃垃圾食品会变得肥胖，宵夜顿顿吃烧烤不健康，但宁愿身体频频亮红灯，也不愿意出去运动；有的人宁愿打游戏打得头昏眼花，整天与网友嘻嘻哈哈，也不愿意翻一下书；有的人在饭店里吃撑了之后，还可以轻松愉快地吃下一份甜品；有的人在KTV唱完歌之后，又通宵泡网吧……他们中没有人觉得这些是痛苦的事。

真正意义上的狠，需要我们去做那种反脆弱、反人类惰性的事。

李敖说过："不怕苦，苦半辈子；怕苦，苦一辈子。"

对自己狠，就是用主动承受痛苦的方式来与生活和解，对自己不狠，那么生活就会对你狠。所以，与其花时间抱怨，不如想想自己为什么只得到一个不上不下的结果。如果只是明日复明日，就会渐渐沦为平庸之人。

不对自己狠一点，你不会知道自己可以变得有多优秀；不对自己狠一点，你不会知道你蜕变之后的样子有多美。

你现在对自己狠，总有一天会得到自己该得到的。

一开始对自己严格要求或许很难，但是一旦养成习惯，就会上瘾。

能从泥地里把自己拔起的人，有勇气有决心的人，全世界都会给他让路，这样的人还怕不能成事吗？

只要仔细观察，我们会发现很多优秀的人之所以如此优秀，一是因为有常识，二是因为"反本能"。其实，做到有常识这一点很简单，一件事的门槛低到人人都能做到，比如打游戏、唱歌，如果我们做到了，就能证明我们优秀吗？并不能。能令我们真正意义上变优秀的事情中，包含着一种自我克制，这种克制是我们分析常识之后的决定，蕴含着高级的理智思维。

能否拥有这种更高级的理智思维，决定了我们的人生是否比大多数自我放弃的平庸者的人生更有价值。

但是，正因为主动"反本能"太艰难，所以绝大部分人都做不到。其实，人生的很多领先优势，就在于我们能不能做出先人一步的"反本能"选择。一旦我们始终顺应本能，无限放纵欲望，我们的人生，就会如同多米诺骨牌一般，产生一系列的连锁反应，永远被动地处在一种追赶命运脚步的状态里。

舍不得对自己下狠手，只想顺应当下，看不到未来的隐患，总是依照惯性来做选择的人，只能是平凡的大多数。

清醒地看到以后的方向，明白痛苦之后能换来什么的人，都是在命运关键点上的高级决策者。他们是能运用更高级的理智思维来反抗人性本能的强者。

正因为它是如此痛苦，如此违背我们的欲望，因而也就注定了能做到这个层面的人只能占少数。

对自己狠心的人，是理智而清醒的。他们不愿意做被温水煮死的青蛙，也知道想要什么，就要付出相应的代价。这样的人愿意努力跳起来，摘到自己能摘得的苹果，也能找到改变自己的路径。他们既不会盲目地对自己狠心，也不会随随便便放弃，而是会理性分析怎样才能达到目标，会判断自己到底值不值得，会思考这件事的价值，维持付出与收益的平衡。

对自己狠的人，是更有欲望的人。因为比起暂时的快乐，他们想要的更多，所以暂时辛苦，接受延迟后的满足。暂时不去"吃糖"，是因为他们坚信在这之后可以吃到更多的"糖"。

对自己狠心的人，是内心强大的人。他们也怕扑空，也会伤心流泪，但是如果抵抗过一路的孤独清苦，还是失败了的话，他们也不会就此一蹶不振，而是会很快收拾行囊上路，选择坚持到底。

舍得对自己下狠手，生活才会对你温柔。

成熟是从告别玻璃心开始的

最近几年，常听到有人提及"钝感力"一词，很多人喜欢把大大咧咧的人说成有钝感力的人，把敏感的人形容为玻璃心。有钝感力的人常常听不出对方的潜台词，更有甚者或许还会配合对方呵呵傻笑，俗称"心大"。而敏感的人往往拥有一颗玻璃心，不管别人说什么，都可以对号入座到自己身上，无时无刻不在想象别人是如何评价自己的。

我的朋友苗苗就是一个这样的人。同事经过她工位时多看了她两眼，她就忍不住想：难道自己今天腮红涂得太红，粉底抹得太厚？越想越浑身不自在。她给男朋友发消息，在加班的男朋友回复之前，她可能已经在大脑中想出长达30集肥皂剧的内容了。别人跟她开了一个玩笑，她就觉得别人是在变着法地诋毁自己，从此绕对方而行，对方心里想：我就是随口说说，你也随便听听，没想到还当真了。

她自己也承认，在很多事情上，她有那么一点"玻璃心"。

有玻璃心的人敏感、自我、易碎，常常把别人的心思按照自己的逻辑揣度变形，一点风吹草动都会被他们无限夸大、扩散，任何委屈、无心之失都可能成为他们的致命伤，随之而来的是你意想不到的应激反应。

其实，这种敏感并不会伤害到别人，真正伤害的还是她们自己。甚至有时候，她们都已经伤心难过了，别人却一脸无辜，不明白自己到底做错了什么。

苗苗有时候也会忍不住自我辩解：你说我玻璃心，但是道理谁都知道，事情没落到你头上，你当然站着说话不腰疼，要是你真遇到，说不定早就哭天喊地了。

我告诉她，与其处理情绪，不如处理问题。

就我的观察而言，每个人多多少少都会有脆弱的时候，只不过不同的人的敏感点、底线不同而已。哪怕是表面成熟稳重的成年人，在不顺遂、被挤对、遭受冷眼的时候，也可能变得脆弱，这样的情绪波动是正常的。可是，过度敏感的人无法处理情绪的垃圾，他们把事情过分放大，花大量的时间反复舔舐同一个伤口，明明有更好的处理方式，却因为反复纠结自己的情绪和对方的态度，忽略问题的本质，不去找解决问题的方法。

之所以会这样，往往是因为他们拥有与自身实力不匹配的自尊心。所以，当得到外界对本人真实的反应，纸糊的自尊心被戳破时，便会产生强烈的落差感，觉得受到了很大的伤害。他们往往也无法拥有太多自信心和安全感，所以常常拥有糟糕而极端的人际关系。他们既像含羞草，一碰就把自己合拢成一团，反应过激，吓坏旁人，又像不敢踏出洞穴的羊，认为外面的世界危险得要命，于是越发封闭自己的内心，顾影自怜，独来独往，以为这样就不会被伤害。

有人说，这世上没有人能伤害你，除非你自己允许。而人的烦恼，80%都来源于自身，是自己的敏感、脆弱、纠结在反复伤害自己。

人们说世界上最大的敌人是自己，我觉得世界上最大的帮手也是自己。

之所以会脆弱敏感，是因为我们依赖外界的评价而活。当外界的评价好时，我们就觉得很快乐；当外界的评价不好时，我们就觉得很痛苦。

被人赞美，就得意扬扬；被人枉言，就愤慨难忍。用惯性的标尺去衡量自己的价值，自己的喜怒哀乐都被别人左右，便从来不得安宁，愁工作、愁生活、愁名利。

真正的原因还在于，你有没有一套完整的、属于自己的价值体系。当一个人能笃定地判断一件事的时候，他才会有知行合一的能力，才能把外界的褒贬统统净化、吸收，拨开迷雾看到真正意义上的自我。

所以，真正意义上的成熟是从告别玻璃心开始的。

那些拥有极高抗打击能力的人，不愿意把时间和精力浪费在他人身上，是因为拥有笃定、清晰的价值标准。这是一个人成熟的前提。他们更懂得用理性思维战胜感性思维，更愿意通过每一次的教训来提高自己的承受能力，总结经验，从而提升技能，争取下一次不再受到同样的伤害。

在这个行色匆匆的世界里，没有谁一定要围着谁转、一定要照顾谁的脸色和心情。从某种程度上来说，你越好欺负，别人就越想着如何欺负你。**有实力的人才能赢得更多的尊重，没有相匹配的实力，自尊心不值一提。与其生别人的气，不如想办法不断进步、增强实力，等到实力足够时，对方自然对你另眼相待。因为自尊都是靠自己努力获得的，而不是靠自己强撑或者别人照顾给予的。**

人们变强大的过程就是坚定内核、强化实力的过程，也是"任凭万箭穿心，仍百毒不侵"的过程，只有狠心地将自己的玻璃心不断切割打磨，得到一颗八心八箭的"钻石心"，才是真正意义上的成熟。

是的，成熟并不意味着抹除情绪，对什么都持无所谓的态度，真正成熟的人在面对自己的敏感和脆弱时，不会一味地否定和排斥，而是感受它、接纳它，并且转化它。

告别玻璃心，是为了更好地接纳自己敏感的情绪。心思敏感细腻的人容易受伤崩溃，自然也易于感动，倘若对方稍微对他们好一些，他们就会铭记于心并加倍偿还。他们也更能捕捉他人真实的内心及其不易被觉察的细微表现。如果能把玻璃心的劣势，转化为同理心的优势，以"敏感"体谅对方，用细心感动对方，把以自我为中心改成照顾他人情绪，把玻璃心变成共情，则不失为人际关系中的巨大优势。

真正的安全感，
是对生活的掌控感

在伍尔夫的书中，我看到了一段话："一笔固定的收入竟可以让人的脾性发生这么大的变化。这世界上没有任何力量可以从我这儿把那500英镑抢去。衣食寓所将永远属于我。如此一来，消失的不仅仅是辛苦与操劳，连同愤恨与酸楚也一并无影无踪了。"

这段话令我印象深刻，深深地击中了当年还不算成熟的我的心，它令我意识到，在那个时代，一个女性主动参与社会劳动，靠自己养活自己，给人带来的精神力量到底有多重要。

我想起了朋友小C，她两年前迷恋上了手机游戏，辞职在家，每天都玩游戏，当然，还有疯狂网购。

一开始还好，时间久了，她就有些焦虑。不玩游戏的时间里，她常常胡思乱想，比如：男朋友离开自己该怎么办？自己没有任何技能该怎么办？但是游戏就像精神鸦片一样充斥着她乏味的人生。有时候，明知道自己不该沉沦下去，但是出于对现实的逃避，她又点开了游戏界面，在游戏里醉生梦死，寻求忘记烦恼的方式。

她越来越空虚，也越来越缺乏安全感。她开始给男朋友打电话"查岗"。只要寂寞的时候，她就打电话给男朋友，一开始还好，但久了男朋友也有些烦了。只要对方流露出一点不耐烦的情绪，她就会为此感到非常难受。她说："越是这样的时候，男朋友就越应该体谅我，越应该给我安全感，为什么他全然不像书上写的那样？"

不光是她，很多年轻的女孩都觉得，在一段亲密关系里，应该给彼此安全感。但可惜的是，她们的安全感仅仅停留在对方应该提供给自己足够的物质支持这种肤浅的层面上。在她们年轻的生命里，享受爱情、享受生活是当下最重要的事情。

事实却是，真正意义上的安全感，来源于你对生活的掌控。有能力，你才有底气。一个在潜意识里觉得自己不害怕被抛弃的人，就不会对伴侣有过分的要求，也不会把对方捆绑到窒息的程度。

很多时候，那些我们以为万能的感情并不能将我们从生活的泥淖之中拯救出来。

有人说，钱买不来真正的爱情，但可以买来爱情的替代品。我们想要的安全感，不在爱里，而在我们自己。我们只有先独立，才会懂得什么是爱。

这个看起来简单的道理，做起来却一点都不简单。我仔细观察过，发现导致这个结果最重要的两个原因：一是我们的惰性，就像我一个朋友说过的那样，能躺着，就决不想努力；二是我们看不清前途上的险滩，总以为当下就是一切，无法未雨绸缪，预想到明天的困惑。

找一个有车、有房、有前途的人嫁了，就可以不用活得那么辛苦，也能有美好的明天，干得好不如嫁得好，等等。类似的话成了很多人自我安慰的借口。

这样的人生，又怎么会有安全感呢？

"当女人，应该轻松地活着"是一剂麻醉药，贪图它带来的一时的快乐，可以让人忘记痛苦和烦恼。可是时间久了，你会发现自己的内心是空虚匮乏的，不论如何自我安慰，都还是会牵动自己潜意识中不安和焦虑的那根弦。当麻醉效果过去之后，它会让你的身心遭受双重折磨与内耗，焦虑、恐慌、痛苦会接二连三地席卷而来。

在生活中，我们可能会遇到泥淖，深陷其中的我们与其和它对抗，不如与它和解。如果这时只有挣钱才能让我们有片刻喘息机会的话，那就好好挣钱，做一个靠自己满足自己的强者。

主动付出，才不会被迫吃苦。

主动变强，是一条布满荆棘的道路。成年人的世界里没有人能活得轻松，如果你觉得活得轻松，可能是因为别人替你承担了那份痛苦。

单纯地想要用一场真诚的爱情来换取一切，更像是一种投机取巧或者说是偷换概念。我们接受了太多关于爱的美好教育，但真正意义上的爱，其实非常奢侈。世俗意义上的爱，如小C一般，以爱的名义捆绑他人，向他人索取安全感，实际上是以爱的名义行凶。

在这个世界上，想得到理想的资源，要经过很多令人难堪的、虚伪的、真实的、痛苦的考验，才能终有所得。

我们需要清醒地认识这个世界的底层逻辑：真正的平淡，只有通过战斗才能获得；踏上真正的坦途之前，必先披荆斩棘；不去险峰，就不会理解什么是真正的平静。

真实的世界没有所谓的避难所，承认生活的艰难才不会寄希望于他人。成功从来都不会从天而降，破茧成蝶的过程总是痛苦的。越想要逃避战斗，越会被焦虑和恐惧绑架。现在努力还来得及，拖得太久或许会病入膏肓。

只有摆脱所有自我逃避的借口，下决心自我奋斗，才能从源头上摆脱被世界抛弃的命运。

如何自我成长，是每个有梦想的人的必修课。弄懂了世界本质的人，一生都在学习成长。

努力解决问题，摆脱困难，增加经验。这是生命厚度和幸福感的来源，只有不断超越自己的人，才会凭借丰富的人生积累找到那份从容的自信。

每个人都有价值，
不要小瞧任何人

　　黄渤是我最喜欢的男演员。从《疯狂的石头》到《疯狂的赛车》，再到《斗牛》《杀生》，无一不是小人物式的嬉笑怒骂和酸甜苦辣。他没有出演过盖世英雄，没有扮过英俊潇洒的美少年，也没有演绎过功败垂成的帝王将相。从出道到巅峰，他演绎的都是普通人的生活，把普通人的劫难当成自己在演艺界的渡劫，在一次次渡劫当中，不断飞升，最终成就了一代影帝的传奇。

　　英雄有英雄的悲剧，小人物也有小人物的传奇。把不起眼的事情做到极致就是一件不简单的事。所以，没有谁天生就是主角，也没有人注定就是小人物。在合适的时机发挥恰如其分的作用，你今后的人生就不会普通。

　　子琪和老公在离家乡很远的城市工作，结了婚之后就在工作的城市定居了。因此双方没什么机会与彼此的亲戚接触，相互之间不太熟悉，更谈不上了解。

　　某天，老公的表妹忽然添加子琪的微信。子琪一向对亲戚礼貌有加，这位表妹又比子琪大一岁，子琪担心怠慢了，所以一看到信息就立刻通过了好友申请。没想到，表妹上来就教子琪做人，说子琪上班不专心，肯定在玩手机，所以才通过得那么快。

　　子琪还没来得及解释，表妹又发来一堆文字，让子琪不要整天在外面吃饭，有空的时候学着做菜，在家里吃饭怎么都比在外面吃更健康，等等。语气中充满了告诫意味，要是不提前知道她的身份，还以为是家里的长辈在训话。

　　子琪没有当回事，想着礼貌应付一下就过去了。可没想到，没过几天，表妹又发来信息，告诉子琪买菜不要去超市，要去菜市场，菜市场的菜既新鲜又便宜。字里行间还是和上次一样的训话语气，一副"别人都无知，只有我什么都懂"的姿态。这次子琪没有再忍，直接反驳了她。但是，表妹似乎没有感觉到子琪的不快，依旧自说自话，"教导"子琪。

　　几个月后，子琪回家过年，在亲戚面前露了一手。这位表妹才知道，子琪上小学就开始自己煮东西吃。对于做菜，子琪有着自己的一套方法，改善了家乡重油重盐的习惯，加入了自己对食材的理解，做出来的菜既美味又健康，所有人都赞不绝口。

这下表妹彻底无话可说，只能在人群中顶着一个大红脸，尴尬至极。自那以后，表妹再也不敢在子琪面前乱说话了。

因为带有偏见，在不了解真实情况时就先入为主地忽略别人的价值，这不仅是对别人的不尊重，也是对自己的不负责。

以貌取人是非常愚蠢的行为。穿着关乎人的审美，但不关乎人的品质。大学里的保安可以通过自己的努力考上名校研究生，扫地的大爷曾是抗美援朝的英雄，快递员也有可能是为自己赚取学费的"天之骄子"。这些人看起来只是城市里不起眼的角色，衣着朴素，长相一般，但在背后他们有我们想不到的重要价值。

同样的道理，以学历的高低或者出身贫富为依据来评判别人也并不客观。很多不识字的农妇能把家中的账目管理得井井有条，只上过小学的街边摊贩可能养活了一个家，大山里的孩子往往比城市里的同龄人坚强、独立。他们可能并没有学过多少知识，也没有多少财富，但生活造就了他们身上的独特价值，任何人都无法轻视。

存在即合理，来到世界上的每个人都有自己的价值。聪明的你不要小瞧任何一个人。去和智者谈话，和农民学耕，和老人散步，和孩子奔跑，和商人交流，和僧侣唱经……终有一天你会发现，身边的人，是最好的老师。

你真正的能量，
就在你平和的心态里

10多年前大火的电视剧《士兵突击》里，有一个让人印象深刻的角色——A大队成员吴哲，除了高大帅气的外表和光电学硕士的光环，他最让人喜爱的就是那句口头禅：平常心，平常心。一个几近完美的人物，对所有好与不好的事情都能够保持平和的心态，不大悲、不狂喜，给吴哲这个人物增添了一股子独特的人格魅力，使他成了全剧的一大亮点，甚至比主角还要讨喜。

杨绛先生曾说："上苍不会让所有幸福集中到某个人身上，得到爱情未必拥有金钱；拥有金钱未必得到快乐；得到快乐未必拥有健康；拥有健康未必一切都会如愿以偿。保持知足常乐的心态才是淬炼心智、净化心灵的最佳途径。一切快乐的享受都属于精神，这种快乐把忍受变为享受，是精神对于物质的胜利，这便是人生哲学。"

前人早已把道理讲得清楚明白。"万事如意"只是一句美好祝愿，在命运面前你我都一样束手无策。时间不会因为你的苦恼而变短，苦恼也不会因为你的煎熬而变少，与其哀怨，不如平和一些，顺其自然。

我的发小毕业之后就考入老家的事业单位，出身不错，工作不错，加上长得漂亮，早早就遇到合适的另一半，现在他们的孩子都上小学了。她有房有车，在那个小城市里，她的日子过得比我这个颠沛流离的北漂不知道好多少倍。

可是她好像并不这么认为，隔三岔五给我打电话抱怨。从工作不顺利到同事性格不好，从丈夫不体贴到孩子学习差，从生活中的琐碎矛盾到婆媳间的冲突……无一顺心。我也习惯了当她的"垃圾桶"，虽然每次都会宽慰她，但宽慰只是宽慰，连头疼医头、脚疼医脚都做不到，何谈能让她摆脱困境？

直到最近读了一些心理学方面的书籍，我才发现她所有的困扰其实都有一个相同的源头。绝大多数的委屈、焦虑和愤怒等负面情绪，都是源自人潜意识中的不安全感。很多时候，我们意识不到自己潜意识的变化，当我们受到一些外界刺激时，自我保护机制开始运转，于是种种负面情绪滚滚而来。

周围大多数人都有过这样的经历，当压力很大时，会变得极其敏感，有人因此变成"炸药桶"，一点就着；有人变成蜗牛，把自己缩进壳里；还有人像我的发小一样，找个"垃圾桶"，拼命倒垃圾……

我也曾有过这样的时候，加班后到酒吧用酒精麻痹神经，只为了短暂地切断与工作的联系。我也曾迷恋一个人旅游的感觉，因为那可以让我逃离平时的生活圈子，但即使身处幽静的深山，潜入蔚蓝的海底，或是徜徉在古老的遗迹中，该面对的事情也一点没有减少。几天的逃离之后终归要回归生活，我还是原来的我，工作还是原来的工作，压力还是原来的压力。

我渐渐明白，自己所做的这些都只不过是在逃避，而逃避的结果，要么拖延，要么只是换个地方重蹈覆辙。只有内心的平和才能给自己带来面对这纷纷扰扰的世界的能量。

春有朝花秋有露，夏有凉风冬有雪。心头若无烦心事，便是人间自在天。是的，不安全感、烦恼其实都源自内心的不够强大。当你能坦然接纳自己的不完美时，就将会在平和中孕育强大的能量，来弥补现实中的不完美。

朋友在没有成为畅销书作家之前，其实是一个小职员。平时别人聚餐搞关系，而她最喜欢的就是窝在家里用电脑抄书。对，你没有看错，不是读书，而是抄书。她几乎读遍了你说得出的名著，只是在无事可做的那段时间里，焦虑折磨得她痛不欲生，于是她突发奇想，在电脑上把自己所读过的名著一句一句地全部抄写了一遍。

她说，开始只是缓解焦虑引起的失眠症，后来，她觉得抄书很有意思，而且在抄书之后，自己的心态越来越平和。平时那些看不惯的职场争斗，也觉得习以为常，甚至不会因为芝麻大小的得失而斤斤计较。后来，她发现自己写作能力大大提升，一篇美文可以信手拈来。她根本不需要翻书，就知道哪个桥段出自哪本书，哪一句话来源于什么场景。后来，她的小说在网上走红。她的小说以语言凄美著称，实际上都得益于那段时间的抄书。

平和不代表平庸，正如我们所推崇的中庸之道，中不偏，庸不移，以客观的角度去看待一切不完美。在实践中努力积累，在平和中成就灿烂，从而进化成不平凡的自己。

第六章

懂得自律，才能获得真正的自由

做一个自律的人，
你会发现生活将不再束缚你。

懂得自律，
才能获得真正的自由

20世纪60年代，著名心理学家米歇尔在斯坦福大学的某幼儿园进行了这样一个实验。一群儿童依次走进一个空荡荡的房间，研究者给每个孩子都发了一颗糖，并告诉孩子，谁能在他回来时还没把这颗糖吃掉，就可以得到另外一颗糖作为奖励，但如果在他回来之前吃掉了糖，就没有奖励。

结果发现，有些孩子没能控制住自己，把糖吃掉了。而另外一些孩子则坚持等到研究者回来，得到了两颗糖。研究者把这些孩子分成两组：能够抵挡住诱惑坚持下来得到两颗糖的孩子和不能坚持下来只得到一颗糖的孩子，并对他们进行了长期的跟踪调查。

十几年后，研究者发现，那些只得到一颗糖的孩子普遍没有得到两颗糖的孩子取得的成就大。这说明，缺乏自控力的孩子成功概率偏低，而那些能很好地控制自己的孩子能拥有更好的人生。

朋友决定要考研，为了表示自己的决心，她卸载了抖音、微博以及各种娱乐软件等。就在大家都以为她这次是认真的之后，我在一次聚会上遇见了她。我问她考研准备得如何，结果她大倒苦水，说数学太难，英语单词记住不到3天又忘了，还抱怨朋友们上次露营没有喊她……后来的各种聚餐、郊游她是逢叫必到，从不缺席，可结束了她又说别人诱惑她，让她不能专心备考。

自律的人才能真正获得自由。自律不等于放弃选择，而是有所针对性地选择。有些天天喊着追求自由的人，其实并没有真正做选择，而是随波逐流毫无目的地得过且过。

熬夜看电视剧、泡酒吧、逛夜店、睡懒觉、大吃……这些事情很难吗？一点都不难，只要有钱、有时间，谁都能做到。但那些自律的人能到做的事情，普通人就未必可以做到了。

一个天天健身的人和一个常年疏于锻炼的人，同样是出去游玩、泡夜店，但他们能感受到的乐趣是完全不一样的。一个身体矫健，能够爬到高山顶峰欣赏壮丽美景；一个只能驻足山脚，拍几张照片表示到此一游。一个在言行上严格律己的人，可以去夜店玩得痛快，也能在正式场合举止大方，而一个放纵的人便难登大雅之堂。

自律是对自我身心的一种修炼，是对自我天性的一种约束。人的天性就是好逸恶劳，如果一味屈从于自己的天性，人生也就失去了意义。

36岁的球星C罗（克里斯蒂亚诺·罗纳尔多）依然保持着20多岁时的身体状态。30岁，对足球运动员来说，已经开始走下坡路，而C罗在30岁以后却比之前更具活力，5座金球奖奖杯加身，成为当今足坛的超级明星。

C罗在十几年前体脂率是7%，十几年间始终保持不变。他每天最少花1个小时锻炼腰腹肌肉，日常的饮食是全麦面包、鸡胸肉、沙拉和白水。他该放松时会放松，也吃一些想吃的美食，跟家人朋友在一起的时候也会玩得很晚，但在大部分时间里，他都十分自律。

自由和自律的关系，就好比风筝和线，看似风筝被线牵制住了，可正因为有了线，风筝才会越飞越高，如果没有了自律这根线，自由的风筝终将坠落。

自律才是最好的生活状态，只有自律的人才能更好地掌控自己的生活和工作，这种"一切皆在掌控之中"的安全感能让人获得真正意义上的自由。

美国心理学家罗伊·鲍迈斯特在他与别人合著的《意志力：关于专注、自控与效率的心理学》一书中写道："最主要的个人问题和社会问题，核心都在于缺乏自我控制……"而斯科特·派克在《少有人走的路：心智成熟的旅程》中表示："自律是解决人生问题最主要的工具，也是消除人生痛苦最重要的方法。"

做一个自律的人，勇敢对抗懒惰、贪吃、逃避的本能，跳出DNA给你制定的规则，成为人生规则的制定者。正因为你自己不完美，所以才要去努力改变。不要花大把时间在逃避、懒惰、怨天尤人上，与自己和解，直面现实，承担起自己的责任。

做一个自律的人，不要碌碌无为地过一生，不要甘于平庸惨淡，给自己制订一个可以实现的计划，一项一项努力去实现。当你都做到了时，就成了一个自律的人。

做一个自律的人，你会发现生活将不再束缚你，而你将拥有真正的自由。

加班，
有时是效率低的一种表现

乔布斯曾说过这样一句话："专注和简单是成功的秘诀。"在我看来，这句话的意思是做任何事都要保持专注、拼尽全力，工作时全力以赴，闲暇时纵情忘我。

工作时全力以赴很容易理解，智力和社会关系相同的情况下，一个人全力以赴，另一个人三天打鱼两天晒网，当然是前者的工作和学习成绩更优秀。那闲暇时纵情忘我又是怎么回事？成功怎么和玩扯上关系了？

人能够承受的压力是有极限的，一旦超过这个极限，人的身体和精神就会崩溃。所以，对人来说，玩乐是非常有必要的活动。人可以通过玩乐来释放压力，就如同打拳一样，工作时出拳，把气力用尽；玩乐时收拳，积蓄力量，准备下一次打拳。

小白是我曾经的同事，她每天上班时，第一件事就是打开微博，浏览当天的各种八卦新闻或者戴上耳机听音乐，磨磨蹭蹭地过了10点才开始工作，干不了多长时间就该吃午饭了。不过小白磨蹭归磨蹭，每天的工作倒是能完成，上班时间拖沓，她就加班，甚至经常把工作带回家做。

好几次同事组织聚会喊小白一起参加，她却总是因为加班而没时间参加。上班的时候，大家都在埋头苦干，她却优哉游哉；下班之后，同事玩得不亦乐乎，她却忙得晕头转向，甚至连睡眠时间都无法保证，两者简直形成了鲜明的对比。但小白还很得意，她觉得自己这是"闲人之所忙，忙人之所闲"，反正忙和闲的总量都是守恒的，一边工作一边玩也挺好。

这话乍一听很有道理，可仔细一想就不是那么回事了。一边工作一边玩，先不说能不能完成工作，工作的质量肯定没有那些全力以赴的人做得好。玩的时候，别人可以纵情忘我，把工作的烦恼全都抛开，回到家舒舒服服地洗澡、看电视剧、玩游戏，小白却还要继续工作。别人白天神经紧绷，到了晚上得到了充分的放松，第二天又能够活力满满。小白的神经虽然没有绷得那么紧，但也一直处于压力状态，永远得不到放松。

爱因斯坦说过："一个人只有以他全部的力量和精力致力于某一事业，才能真正地获得成功！"养成对工作全力以赴的习惯后，就像找到了一把打开成功之门的钥匙。**因为当你以全力以赴**

的态度去做事情的时候，你的全部精力和力量都集中到了一起，就像一把锋利的匕首，能刺破任何困难和阻挠；但如果你不够投入，在真正的困难面前，很有可能会一败涂地。

一个知名网络作家每天能更新8000字，高峰期时甚至每天保持更新15,000字，超过了99.99%的同行。有人问他一天更新8000字到底是怎么做到的，他说也没什么，只是自己做到了全力以赴。每天写作的时候，他不打开网络，不听音乐，不接任何来电。只要是在工作，就自动屏蔽所有无关的人和事。而一旦他的写作完成，闲暇时分，他又会比谁都玩得带劲，简直到了纵情忘我的程度。

工作和闲暇，分属不同的时间段，闲暇时间就要玩得痛快，这样才能让神经彻底放松，彻底赶走工作时的疲惫。

李大钊的女儿李星华在《我的爸爸》里写过："小孩子做什么事情都不能三心二意，要学就学个踏实，要玩就玩个痛快。"这句话对成年人同样适用，全力以赴是一种优秀的工作品质，不惜力，能吃苦，能坚持，所以变得优秀。工作时你全力投入，不为他事分心，就会千方百计找办法来实现目标；闲暇时你纵情忘我，就会让自己彻底放松，幸福满满。所以一个边玩边工作的人，难以体会全力以赴地投入工作的那种踏实和充实感，更加无法体会彻底放下工作和压力的轻松感。

全力以赴地工作，虽说过程会很辛苦，但如果我们以这种态度对待它，就会发现原本以为难以办到的事情、难以完成的任务其实并没有那么难。纵情忘我地玩乐，彻底放松身心，时刻让身体和精神保持在最佳状态，不因为压力而崩溃。

全力以赴地投入，一切精益求精，追求完美，不要给自己的懒惰找借口，不要拖延，只有保持这样的精神状态，才会有源源不断的动力，才能创造出更好的生活，享受更好的闲暇时光。

为什么你连早睡早起都做不到

越来越多的人患上了"睡前拖延症"。

下班后，拖着疲惫的身体回到家，明明很想洗个热水澡，一身清爽地躺进被窝睡个好觉，但双脚像是被灌了铅，只想躺着。"瘫"在沙发上一会儿在微信上和朋友聊聊天，一会儿打开电视看新闻，一会儿拿起杂志翻几页。拖到不得不起身时，才挣扎着起身走向浴室，温热的水流抚慰了一天的疲惫，明明20分钟就能洗完的澡，哼着小曲慢慢冲，又过去1个小时。原本10分钟就能吹干头发上床睡觉，结果做个面膜、挑个衣服，中间再打开微博，看看八卦，1个小时又过去了。待一切完成躺到床上时，时间已经远远超过既定的睡觉时间。

但即便时间已经很晚了，还是想再玩一会儿手机，再困都得"坚持"玩一会儿，这是睡前的必备"功课"。好不容易进入梦乡，还没安睡多久，闹铃就开始催促起床，一遍一遍地关掉，每分钟每分钟地拖延，终于在濒临迟到前匆忙赶到公司，因为来不及买早饭，只得啃几口昨天剩下的面包填肚子。接下来，带着混沌的大脑和黑眼圈投入一天的工作，还没到中午，身体却已经被调到了"午睡模式"。于是不得不往空荡荡的胃里灌入一大杯咖啡，才能强撑到下班。好不容易回到家，终于可以躺下了，却又重复前一晚的行为。

这是很多人的真实写照：晚睡晚起→忽略早餐→疲惫一天→重复昨日。于是每天都在"晚上睡不着，早上起不来，中午后悔前一天晚睡"的过程中纠结挣扎，越挣扎越焦虑，越焦虑晚上越睡不着。恶性循环的后果就是把人带入无穷无尽的负能量中，犹如陷入沼泽地里，生命的活力一点点被消耗殆尽。

我曾经也有过这样的阶段。生活陷入低谷，愈发颓丧，于是以解压为由，一躺到床上就开始漫无目的地玩手机，看看这个软件，翻翻那个网页，1小时眨眼间就过去了，等我意识到该睡觉时，已经是凌晨2点了。睡眠不足，第二天自然无法早起，伴随着噩梦睡到中午，挣扎着起床后头昏脑涨，口舌发苦，喝口水都困难。

每到这个时候，我看着窗外刺眼的眼光，就愈发觉得生活无望，只想躲进黑暗里，任焦虑在内心疯狂加剧。

　　半年后，我的状态更差了，面色枯黄，满脸长痘，明明吃不下多少东西，体重却不停地往上涨。更可怕的是，我无法集中注意力写作，没有灵感，脑袋里空空如也，有时候看着过去发表过的文章，陌生得似乎不是我自己写的。

　　眼看银行卡里的余额越来越少，文档上却空无一字，我慌了，大哭一顿以后决定和自己"开战"。

　　清醒后我整理了思路，发现问题的根源就在晚睡晚起上。

　　为了让自己在晚上11点前睡着，我尝试了喝牛奶、喝红酒、喝中药、点香薰、吃睡眠片、剧烈运动等办法，终于在1个月内成功调整了自己的生物钟，从凌晨2点睡觉、中午12点起床，调整成晚上11点睡觉、早上8点起床。

　　这时我发现，我原来的状态又回来了，每天早上吃完早餐之后，坐在电脑前文思如泉涌。下午疲惫的时候出门运动1个小时，晚上安静地看看书、听听歌，很容易就有了困意，第二天醒来又能充满活力。

　　我不再焦虑和绝望，也不再有想随时发脾气或痛哭的负面情绪，而丢掉这一切的办法只不过是坚持早睡早起。

　　日本厚生劳动省的研究小组证实：与经常熬夜的人相比，早睡早起的人精神压力较小，精神健康程度较高。分析结果表明，人体激素分早晨型和夜晚型两种，皮质醇是早晨型激素的代表，起着分散压力的作用。早睡早起者唾液中的皮质醇指标较低，他们的精神抑郁度也较低。

心理健康和身体健康密不可分，早睡早起正是在增强身体健康的基础上，促进了心理健康。

这些事实如果能够给你一些触动，就说明你已经有了彻底改变的勇气。那么，就从今晚开始早睡，多1个小时的睡眠，就多一份精力；从明早开始早起，多1个小时清醒，就多一种可能。如果连早睡早起都做不到，还谈什么未来？

不熬夜，
才能做斜杠青年

"斜杠青年"是来源于英文slash（斜线、斜杠的意思）的一个新概念。出自《纽约时报》专栏作家麦瑞克·阿尔伯撰写的书籍《双重职业》，指的是一群不再满足"专一职业和身份"，通过学习和尝试，进入不同的职业，拥有不同的身份，在自我介绍时通过斜杠隔开的方式来区分自己不同的职业和身份的人。

在我看来，斜杠青年的本质，是拥有多种技能。

如果有一天你也成为斜杠青年，拥有了多种过硬技能，那么还会担心失业吗？这一行不景气可以做那一行，这一行做得不开心也可以换那一行，只要你愿意，在众多技能中挑出一项，就可以随时更换工作，随时进入不同的身份，而且每一个选项带来的收获都不会太差。

不知从什么时候起，夜晚成了纸醉金迷的代名词。我们生在国家高速发展的时代本是一种好运，但很多人却在这样的大环境下拼命放纵自己，天一擦黑就开始寻找各种好玩的事情，KTV、酒吧、慢摇吧、烧烤摊等，再不济，也能在家玩电脑和手机放松心情。对有些人来说，深夜1点睡是正常，2点睡是还好，3点睡是略晚，4点睡才是真正的晚睡。于是，"熬最深的夜，敷最贵的面膜""疯狂要趁晚，我们天亮见"等酷炫宣言应运而生，仿佛不熬夜玩乐，就辜负了青春和人生。

可是你有没有想过，在你熬夜狂欢的同时，有大把的同龄人遵循着科学作息，用有限的时间创造无限的可能。熬夜熬光了你的精气神，自律的人却成了斜杠青年，究竟是谁辜负了人生呢？

不熬夜让你精力充沛

熬夜对人体的伤害非常大：第一，长期睡眠不足带来的神经衰弱让人精神涣散，无法集中注意力；第二，长期熬夜让人焦虑、易怒、健忘和神经质，没有好心情，自然也不会有好身体；第三，熬夜让肠胃功能失调，越没胃口越喜欢吃油盐重口的食物，越吃这些食物肠胃功能越差，恶性循环的后果是腰上的

"游泳圈"越来越粗，爬三楼都气喘吁吁；第四，熬夜阻碍肝胆排毒，夜生活太精彩的结果就是粉刺、痤疮和暗沉一点点爬上脸颊，让人越来越丑。

以上几点的反面就是不熬夜带给人的好处。科学、健康的作息能锻造好的体魄。有了革命的本钱，才能让人时刻保持精力充沛。

不熬夜让你意志坚定

我们常常把面对目标勇往直前、遭遇挫折不屈不挠的人定义为意志坚定的人。喜欢熬夜的人，本质上是内心空虚、畏难不前的人。

在他们的世界里，黑夜不只可以用来休息，还能用来隐藏他们内心的逃避和脆弱。毕竟除了夜晚，他们能掌控的时间并不多。

鲁迅先生说过，真正的勇士，敢于直面惨淡的人生。戒掉熬夜，该休息的时候就休息，不贪恋那一点对夜晚的自由掌控，你将能掌控你的整个人生。

每当控制不住想熬夜的时候，就想一想自己的梦想，找一找内心尚未熄灭的火焰，做一个意志坚定的人，朝着目标勇往直前。

不熬夜让你发现天赋

听说过这么一句话，"8小时以外，决定一个人的未来"。意思是8小时工作时间之外，怎么安排、利用好剩余时间，将决定一个人未来走向何处，能走多远。

我很佩服一位学长，他就是在8小时以外活成了斜杠青年的典型例子。学长工作稳定，薪资不低，在本职工作上已经小有成绩。这种状态是很多人都梦寐以求的，他完全可以在下班之后放松一下，熬夜狂欢。但学长觉得，熬夜是一件非常浪费生命的事，他最喜欢的不是往人堆里扎，而是逃离人群，找一个安静的地方，读书、画画、运动健身或者钻研厨艺，尽量把下班到睡觉前这段时间安排得满满的，把自己多余的精力和欲望用在探索新鲜事物上，免得到了晚上睡不着，伤身又耗气。

一段时间之后，学长的探索之旅有了一个小成果，他发现自己对油画产生了极大的兴趣，便试着画了几幅，投到杂志社，居然被采用了。学长非常开心，对油画愈发用功，请了专业的老师指导，竟发现自己原来对色彩有着极高的天赋，只要练好基本功，以后无论发展成插画师还是设计师，都有可能。

连爱因斯坦的大脑都只开发了10%，与其熬夜，不如把时间用在开发兴趣上，说不定你会发现不一样的自己。

不熬夜，让你拥有健康的身体、坚定的意志，用这两个条件去开疆拓土，再回头看自己，发现自己和别人不一样的天赋，让自己的技能多样化，总有一天，你也能成为斜杠青年。

别让手机绑架你的生活

我看过这样一张图片，图片左半部分看起来是晚清时期的某处鸦片馆，一个梳着辫子、骨瘦如柴的男子侧躺在床上，半缩着腿，嘴里叼着一根长长的烟杆，正对着油灯一阵吞云吐雾，双眼微微眯着，脸上似笑非笑，看上去既不像人也不像鬼，甚是可怖；右半部分则是一个现代人，姿势、表情与左边的人十分相似，唯一不同的是现代人手里握着的不是烟杆，而是手机。

这张图片一经流传就引起了热烈讨论，有人嘲笑，有人不屑，我却感到暗自心惊。晚清时期国家遭难，百姓深受鸦片荼毒；现在盛世太平，手机却成为人们自己选择的"毒品"。手指滑动，屏幕亮起，流量开始流走，生命也悄悄开始消耗了。

手机是时代进步的产物，最初它的出现是为了让通信更便捷，让生活更便利。但是，随着科技进步，手机更新换代越来越快，功能越来越齐全，一部手机已经能够解决衣食住行全部问题。人们因此就越来越依赖手机，仿佛把手机当成了自己最亲密的人，随时随地带在身边，发生任何问题，第一件事不是思考怎么解决，而是打开手机开始查资料。

这样的情况，被心理学家定义为"手机依赖症"。

汤圆是公司新来的实习生，她是一个深度"手机依赖症患者"。工作时间，她每隔5分钟就要解锁一次手机，吃饭时看手机，坐车时看手机，就连在上厕所的路上都要看手机，包里常备两个充电宝和两套充电器，这样一来即便其中一个没电或者失灵，也不会影响她使用手机。

就因为眼睛离不开手机，汤圆还闹过很多次上错公交车、进错电梯这种乌龙事件，她的考勤表上也因此红彤彤一片，迟到成了她的家常便饭。工作时，她也经常因为看手机而注意力不集中，犯一些低级错误，有几次差点给公司造成重大损失。

部门经理从规劝教育到扣工资，用了很多办法都没能改掉汤圆的毛病，最终只能将她劝退。

同事好奇，不就是个手机吗，到底有什么好看的，能让汤圆冒着失业的风险也不肯放下？

汤圆的回答令人出乎意料，她说："确实没什么好看的。只不过是有信息时回复一下信息，想购物时逛逛网上商城，想玩游戏时就玩一把。但更多的时候，只是在微博上无聊地刷新或在短视频软件上看视频。"

但即便如此，她还是忍不住要打开手机，仿佛解锁手机的那一刻，打开的不只是一个手机，还是新世界的大门。大门那一头有千奇百怪的人和新鲜有趣的事，看着手机，就像是透过万花筒看着全世界，没有焦虑和压力，只有愉悦和满足。

从汤圆的故事里，我弄明白了一个道理。原来形成"手机依赖症"的原因是手机带给了人们在现实生活中得不到的满足，使人们在浏览手机时有一种快感和成就感，就好比碎片化阅读。这是一个信息爆炸的时代，在碎片化阅读中得到的信息大部分有可能都是垃圾信息。但是人们在麻痹的满足感中失去了判断力，无法得知信息的真伪和有效与否，只是通过碎片化阅读，就认为自己阅读过、学习过，从而得到一种心理安慰和自我认可，但谁又真正明白，那些花5秒钟接受、1秒钟就能忘掉的所谓"知识"，并不能带给人长远的益处。

回想我们的童年，那时候手机普及度不高，父母及其他亲人也很少用手机。所以我们知道家附近的哪一处有隐蔽的小山包，闲暇时约上小伙伴一起去探险；我们知道电视里哪个频道的节目最好看，每晚都乖乖等着父母回来一起看；我们知道年夜饭的哪道菜最好吃，看准时机迅速蹿到离姥姥最近的位置，就为了多吃几口……后来，朋友聚会变成了玩手机聚会，探望父母变成了互发红包，春节团圆的日子也不再一家热闹，而是各玩各的手机，各发各的祝福。亲友群里的热络，反衬出现实中的冷漠……

　　人在一生当中，只有五分之一的时间可以自由支配。拿起手机的那一刻，看似是在消耗流量，其实是在消耗你的注意力，消耗你对家人、朋友的关心，消耗你对生活的热情，消耗你的生命。

　　放下手机吧，珍惜眼前的一切。别再看手机里那些虚无缥缈的东西，你会发现，生命比想象的还要精彩。

习惯"快进"，
就错过了真实的生活

我们的生活就像被按下了"快进键"，所有人似乎都习惯了"以快制快"。工作快、生活快，我们就更快，似乎那样就可以把主动权掌握在自己手中，以获得安全感。

"一万年太久，只争朝夕"这句话曾经是为了激励我们珍惜时光，在长度有限的生命里奋力扩充生命的宽度。现在看来，它似乎被曲解了。人们为了追上发展的脚步，越走越快，越走越急，越来越怕等待，甚至有人评论说，中国人是地球上最不耐烦的人。

看电视剧要用倍速播放，拍照片要立等可取，打车要抢第一，去旅游一定要每天逛上至少5个景点……习惯于"快进"之后，我们仿佛失去了"慢"的能力，身上的戾气越来越重，内心的焦虑越来越严重。从偶尔的"路怒"，逐渐扩展成"地铁怒""电梯怒""开会怒",甚至出现"饭怒""床怒",连吃饭和睡觉都不能好好完成,一味地追求"快",快得没时间看清自己的内心,快得失去了生活乐趣。

一个忙碌的商人好不容易抽出时间,来到别墅旁的小河边闲逛。看到一个衣着朴素的路人正在河边钓鱼。

商人走过去搭话,问:"你每天能钓多少条鱼?"

路人说:"一小桶左右。"

商人问:"你为什么不把鱼卖出去,攒够钱买条船?"

路人反问道:"买了船干什么呢?"

商人说:"有了船你就能出海打鱼,那样会让你每天收入剧增,能赚这一小桶鱼的几十倍。"

路人问:"赚了钱干什么呢?"

商人说:"有了钱你就可以雇佣渔民,组织属于你自己的船队,捕获更多的鱼,赚更多的钱。"

路人问:"然后呢?"

商人说:"然后你就可以开公司做生意,赚很多的钱。"

路人问:"再然后呢?"

商人说:"再然后,你就可以不用操心钱的事,放心地享受生活了。"

　　路人一笑，说："我现在不就是在享受生活吗？"

　　这是很有意思的一则小故事，它为我们引出了一个问题：被"快进"了的生活，能带给我们什么？

　　每个人都有追求梦想的权利，在追求梦想的路上都应该全力以赴。可这就像是一场赛跑，跑得太快往往会使我们的视线失去焦点，看不清原来的目标。

节奏太快无法保证质量

　　快，不一定代表效率高，只有结合质量，才能评判快的意义。在做一件事的时候，如果盲目追求速度，会让我们变得急不可耐，随之而来的就是焦躁和没耐性。而失去耐性的后果是手头的事频频出错，直到失败。

节奏太快让人失去安全感

　　在巨大压力的推动下，我们越来越害怕，害怕掉队，害怕被淘汰，害怕被时代抛弃，因此竭尽所能、快马加鞭，拼命想要做到最好。然而金无足赤，人无完人，总会有人比自己更好、更优秀。节奏太快，会让我们没有时间注意自己的优点，只看到别人的好处，而愈发焦虑，愈发没有安全感。

节奏太快会毁掉你和他人的好关系

很多人都喜欢说自己是急性子，讨厌慢腾腾的生活方式。可是这些急性子们，习惯了"快进"一切。朋友约他们聚会，他们总是很忙，没时间参加；家人希望他们多些陪伴，他们总说那样太无聊；单位组织团建活动，增强同事之间的交流，他们却直奔结果，从不在过程上付出时间和耐心。

久而久之，朋友不再邀约，家人不再期待，同事也只剩点头之交，急性子们就变成了孤家寡人。

习惯了将日子快进，就要承受失败的懊恼、失去安全感的焦虑和孤独的恐惧，这些负面情绪会让人感觉到非常疲惫，从身体到心理，无力且空虚的疲惫。国学大师钱穆曾经说过："古往今来有大成就者，诀窍无他，都是能人肯下笨劲。"所谓的笨劲，就是一步一个脚印，虽然走得慢，但走得踏实，走得心安。

《论语》中有这么一句话，欲速则不达。急于求成往往会适得其反，试着取消"快进"，让生活慢一些。不是让你停下努力前行的脚步，也不是让你收敛奋勇向前的锐气，只是让你放下疲惫，关注内心，慢一点，给身体和心灵放一个假，摒弃浮躁和焦虑，拾起从容和沉稳。不要为了奔跑而奔跑，而要为了真正的幸福而奔跑。

放下焦虑，
人生不必那么着急

不知道从什么时候起，社会上弥漫着一股浓浓的渲染焦虑情绪的氛围。

网上铺天盖地都是《你的同龄人，正在抛弃你》《再不奋斗就老了》《你见过凌晨三点的北京吗》之类的文章，与文章里的主人公相比，我们感觉自己就是一只浑浑噩噩的"米虫"，拼命挣钱也只能挣很少的工资，一年下来攒的钱还不如"北上广"一平方米房价多，甚至觉得自己的前半辈子简直是白活了。

挣钱少的人感到焦虑，挣得多的人也没好哪里去，年薪10万的惦记着年薪20万，年薪20万的惦记着年薪100万，租房的惦记着买房，买了房的又惦记着学区房。每个人都在拼命往前冲，生怕自己一不留神就被时代抛弃。

我们常常处在焦虑中，害怕自己变成没有人关注的失败者，害怕自己的人生没有意义，于是一心渴望能尽快成功，想通过物质上的成功来证明人生的意义。就算我们自己不着急，来自身边的朋友、家人的压力也迫使我们加快步伐往前奔跑。我们的内心越来越浮躁，耐心越来越少，对现实也越来越不满足。欲望与现实之间的差距日益增大，这就是焦虑的原因。差距越大，焦虑越重。

B君是我的大学同学，他的父母退休了，B君夫妻两个都在事业单位工作，还有一个聪明伶俐的女儿。在我们眼中，B君的生活就是幸福生活的典范，就连B君自己也说，很满足现在的生活状态，虽然不是很富足，但没有房贷、车贷，生活安稳而平和。

直到去年见他，我发现他精神状态很差，整个人看起来特别憔悴。后来听其他同学说，他现在风评不好，让我不要跟他走太近。

问及原因，同学说，他好好的单位不待，非要学别人做生意，把车卖了，房子抵押了，连父母的养老金也投资进去了，结果生意没做好，倒染上了花钱大手大脚的毛病。他喜欢高消费，出入高档场所，生活奢侈，不仅赔得一塌糊涂，还欠了一屁股债。可是，他不仅不反省，依然跟身边的富豪朋友攀比。为了维持自己的高消费，他用了各种各样的方法，不得不还钱的时候就找人借钱，如今他身边的亲戚、朋友都被他借遍了，老婆也跟他离婚了。原本好好的日子，现在过得穷困潦倒。

适当的目标可以激发潜力，使人奋进，而不切实际、超出能力范围的攀比只会使人陷入焦虑，打破生活的平衡。

有一个名词叫作"幸存者偏差"，意思是我们看到的成功者案例其实都是经过某种筛选后的结果。简单地说，在网上宣扬自己成功经历的都是成功者，因为失败者不可能有成功经验。于是我们就产生了一种错觉：到处都是年纪轻轻的成功人士，而自己却活得很失败。

可事实并非如此，创业成功的概率很低，大部分创业者都变成了"死在沙滩上的前浪"，只有少部分幸运儿活了下来，成为我们在网上看到的"成功人士"。

不要太焦虑，不用羡慕别人的成功。回头看看，自己身后同样有很多人在羡慕你。其实，我们没有那么糟糕，在别人眼里，我们同样已经过得不错了。

我们或许没有那么优秀，但也绝对没有那么糟糕。我们能养活自己，每个月还略有结余，工作能力也在提高，我们依然在不断积累、学习，这样的未来怎么会毫无希望？只是我们习惯了向前看，而那些光鲜亮丽的成功者遮蔽了我们的视线，让我们以为自己身上全是阴霾。

但事实不是这样的，比我们艰苦的人有很多，你不用那么心急。生活不是考试，我们不可能考到第一名。人生是一场马拉松，你只要计算好自己的体力，按照自己的节奏奔跑即可。你身后还跟着许多人，不用着急冲刺。

不要因为别人的工作更好，别人的工资更高而焦虑。把手上的本职工作做好，然后再不断地自我学习和提升自己，一定有更好的机会在等待我们。

不要因为别人对我们的生活挑剔而焦虑，因为别人可能只是嘴上说说，而自己的日子需要自己过。

换一个环境，换一个角度，看看别人怎么生活。当我们抱怨自己没有鞋穿时，还有人可能没有脚。

想想他们的遭遇，对比自己的日子。你会发现，原来自己幸运太多，到那时你就会感激生命的馈赠，而不是抱怨上天的不公；到那时你就会懂得，现在的焦虑不算什么。

到大自然里呼吸新鲜空气，看看植物在阳光下曼妙的姿态；去陌生的城市，看看别人的柴米油盐酱醋茶，找到生活藏附于其中的善意；在孩子们嬉笑打闹的身影中，感悟生命的蓬勃和张力。那时我们会发现，很多时候，感到焦虑只是因为自己的内心欲念太多。回头看看身后的人，我们会发现自己过得没有那么糟糕，我们没必要那么着急。

放下焦虑，轻装上阵，才会走得更快，走得更远。

耐得住寂寞，
才守得住繁华

王国维在《人间词话》说："古今之成大事业、大学问者，必经过三种之境界：'昨夜西风凋碧树，独上高楼，望尽天涯路'此第一境也。'衣带渐宽终不悔，为伊消得人憔悴'此第二境也。'众里寻他千百度，蓦然回首，那人却在，灯火阑珊处'此第三境也。"

要成大事业和大学问的人，第一个阶段，就必须经历"独上西楼，望尽天涯路"的寂寞。要学会在安静的岁月中，褪去浮华，卸下焦躁，经历过那一段没有人支持也没有人帮助的岁月，熬过去就能等到黎明。

日本有两位一流的剑客，分别是宫本武藏和柳生又寿郎。柳生又寿郎是宫本武藏的徒弟。刚拜师不久，柳生又寿郎就问宫本武藏："我想成为一名出色的剑师，根据我的资质，努力学的话大约需要多长时间？"

宫本答："最少也要10年吧！"

柳生说："10年太久了，假如我加倍苦练，多久可以成为一流的剑客呢？"

宫本答："那就要20年了。"

柳生一脸狐疑，又问："假如我晚上不睡觉，夜以继日地苦练呢？"

宫本答道："那你必死无疑，一辈子也不可能成为一流的剑客。"

柳生非常吃惊："为什么？"

宫本答道："要想成为一流的剑客，先决条件就是必须永远保留一只眼睛注视自己，不断反省自己。现在，你两只眼睛都只盯着'剑客'这块招牌，哪里还有眼睛注视自己呢？"

作为徒弟的柳生终于明白是自己太心急了，便静下心来拜师学习。训练开始之后，宫本对他的要求却出乎他的意料，只是让他做饭、洗衣、打扫卫生，和剑术有关的事一个字都不许他提。

一开始，柳生还安心忍受，但3年过后，宫本对剑术的学习还是只字不提，柳生开始对自己的前途担心起来，做事情注意力也不太集中了。

某一天，宫本趁徒弟不注意时，悄悄地在柳生背后用木剑给予重重一击，没等柳生反应过来，又是一击。柳生问及原因，宫本却不说话。

次日，宫本又趁柳生不备进行袭击。从那以后，柳生每时每刻都得保持高度警惕，预防宫本的突然袭击。日复一日，年复一年，柳生在洗衣做饭和打扫卫生这些无聊又寂寞的小事中，练就了只要背后有人靠近，就能以最快速度拿起武器的绝招，最终成为日本一代一流的剑客。

寂寞的时光是修炼心性和提升自我的最好时机。只有在寂寞中沉下心来，才能感悟到人生的真谛。

李时珍是我国明朝时期著名的医学家，他所著的《本草纲目》收录了药物1892种，其中有374种是过去没有记载过的新药物。书中对每一种药物的名称、性能、用途和制作方法都做了详细说明。还附有10,000余味药方，1160幅药物形态图。

《本草纲目》是一部具有世界影响力的博物学著作。被国外学者誉为"中国的百科全书"。李时珍为了创作该书，花费了29年时间，走遍了我国10多个省份，足迹遍布大江南北，行程达2万多里。在这个过程中，李时珍只身探入深山荒野，一个人一待就是好几天，饿了就啃点干粮，渴了就喝点泉水。他将肉身彻底放逐到寂寞的时空中，经过29年的磨炼，迎来的是造福后世、名扬千古的成就。

耐得住寂寞，方能内心平静，宠辱不惊，有所作为。耐得住寂寞，才能不为外物所惑，不浮躁，做到专心致志，不怨天尤人，不妄自菲薄，不忘初心，坚持到底。有些事情不是看到了希望才去坚持，而是坚持了才会有希望。

寂寞是人生的本质，我们从寂寞中来，最终都要回归到寂寞中去。只有牛羊才成群结队，猛兽总是独来独往。在寂寞的时光中，我们能够更诚实地面对内心，倾听内心的声音，从寂寞中积累能量，在寂寞中升华自己。在疲惫寂寞中，我们可以把脑子完全清空，将浮华和疲惫洗刷干净，将自己置于一种难得的深思状态中，回归真正的自我，看清自己内心真正的渴望和需求，把人生所得的经验和感悟沉淀下来，为未来厚积薄发。

人生路远，每个人都在负重前行，我们要在寂寞中养精蓄锐，努力提高自己的能力，增强自己的竞争力，耐心等待时机，择机而动，才能收获成就。寂寞磨炼了我们的意志，锻造了我们的品格，只有如此这般的上乘心性，才能守得住人生的繁华。

第七章

见识了生活的凌厉，依然热泪盈眶

如果你觉得累，就离成功不远了。
不要停下来，再加一把劲。

你没那么坚强，
但要学会独自坚强

　　人生的路，往往是用挫折和眼泪拌成的苦铺就的，每个人都有自己的痛苦，没办法丢给别人，别人也没办法替你痛苦。只是，谁不想岁月静好，安宁喜乐呢？不过是迫于人生艰难，即使没那么坚强，也只能独自坚强。

　　亚楠是独生女，父母一直非常宠爱她。亚楠在22年的岁月里，无忧无虑地长大，吃穿不愁，也没有经历过什么挫折。她顺利考上心仪的大学，也选到了喜欢的专业。毕业在即，前途一片光明，幸福的日子正在向她招手，可没想到，一个噩耗打破了一切。

　　彼时，准备毕业的亚楠正在外地实习，深夜时分忽然接到母亲的来电，说父亲发生车祸，危在旦夕，让亚楠赶紧回家。

　　亚楠连夜赶回家，父亲已经过世了。一向柔弱的母亲在巨大的悲痛中病倒了，吃不下任何东西，只能靠输液维持生命，更别说照顾亚楠了。一夜之间，家里的大小事务全都落在了亚楠的肩上。

母亲流着泪把家里的所有存款和父亲公司的股份交到亚楠手里，这意味着，从此以后，亚楠要担负起一家之主的责任了。

把母亲托付给姨妈之后，亚楠拿着一点生活用品住进了父亲的公司，吃睡都在写字楼里。从来没有接触过公司业务的亚楠从零开始学起，从整理业务、核对账目到转让股份，她花了1个月的时间把父亲经手的所有业务分门别类，自己能做的就继续做，不能做的就变卖成钱。

在那1个月中，亚楠除了整理父亲的资产，还要准备毕业论文。实习的公司也时不时打电话让她处理一些事务。大家都为娇生惯养的亚楠捏了一把汗，时常打电话问候，看她是否需要帮助。

出人意料的是，亚楠每次接电话都没有表现出一丝悲伤的情绪，简短的"我很好，有点忙，回去再聚"，透出一股与她年龄不符的冷静和干练。

再次见到亚楠，已经是毕业之后了。她瘦了一大圈，灰暗的脸上满是疲惫，但眼神中却有了一丝我从未见过的坚毅和沉稳。我知道，她不再是从前那个亚楠了。

后来亚楠告诉我，那段时间她过得很艰难，一夜之间就要扛起一个家。面对那些自己从未接触过的东西，她曾多次看着报表就哭了，因为她无论怎么努力都看不懂，深夜的写字楼里只有她一个人在号啕大哭。但是哭完之后，她还是拿起报表重新学，重新看，因为她知道，她现在核对的每一分钱，都关系着母亲未来的生活质量。没有了父亲，她就要做照顾母亲的人。如果她也倒下了，那么这个家就彻底崩塌了。她怕苦怕难，但更怕未来没有希望。一想到没有任何人可以依靠，只剩自己一个人时，她就不敢倒下。

而亚楠之所以没有向亲人和朋友寻求帮助，是因为她清楚地知道，这个世界上很少有人能做到感同身受，她无法要求别人和她一起承担。

所幸亚楠的一切付出都没有被辜负，她的实习顺利结束，毕业论文也通过了。离开学校之后，她一边工作一边学习理财，还要照顾健康状况不佳的母亲。生活的担子并没有减轻，但亚楠越来越坚强了。

谁的人生都不容易，谁都不愿意被迫坚强。可是又能怎么办呢？

《安娜·卡列尼娜》中写道："幸福的家庭都是相似的，不幸的家庭各有各的不幸。"生活不会因为我们的恐惧和悲伤就心慈手软，眼泪除了带走一些身体毒素之外，无法给我们带来任何帮助。

所以我们只能独自坚强，一个人走过漫漫黑夜，一个人在苦难中煎熬，一个人去面对迎面而来的狂风骤雨，一个人等待黎明，一个人孤独前行。没有其他选项，即便我们没那么坚强，也只能独自坚强。

坚强从来不是每个人与生俱来的品质，它就像是融进蚌壳里的沙砾，需要经过漫长的岁月，用血和泪一点点地打磨成珍珠。每一次挫折，每一场风雨，每一份苦难，都是为了锻造一颗坚强的心。在这样的煎熬里，我们渐渐不再害怕，不再逃避，学会了包扎伤口，学会了整理心情，学会了在一个人的路上辨别方向。因为我们明白了一件事，苦难不会减少，那就在苦难中汲取能量，谁都没有那么坚强，但谁都必须学会独自坚强。

见识了生活的凌厉，
依然热泪盈眶

　　我经常去参加一个同行朋友组织的"笔杆子"聚会。参加聚会的人有做自媒体的，有做影视的，有做出版的，也有写网文的，但都是以写作为基础的行业。大家时常坐在一起喝几杯，交流经验，既能促进技能进步，也能看到生活百态。

　　最近的一次聚会来了一个新人——绿萝。酒过三巡，绿萝有些微醺，谈起了她最近的经历。

　　绿萝上周刚刚办完离职手续。按照她的话说，是在那个公司彻底寒了心才出来的。两年的时间里，绿萝经历了被领导"穿小鞋"、被同事"捅刀子"、被下级"泼脏水"等各种狗血的事情，离职还被以各种理由克扣工资。本是一腔热血地加入公司，却既伤感情又伤钱，与公司撕破了脸才最终离职。本以为摆脱困境能有个新的开始，不料男友出轨，母亲出车祸。果然应了那句老话，福无双至，祸不单行。自己辛辛苦苦攒下的积蓄，经历一次挫折，就耗了个干干净净。绿萝连收拾情绪的时间都没有，就要开始找新工作，只为了下个月还有地方住，还有口饭吃。

说到动情处，绿萝抽泣起来："日子怎么这么难？我那么努力却换来这样的结果，太辛苦了，我实在撑不下去了……"

本以为在场的几个妹子会受到情绪感染，和她一起哭。但出人意料的是，在场所有人都和我一样，只是默默听着，不言不笑。除了离绿萝最近的女孩轻轻地握住了她的手，其他人都没有太大的情绪波动。

绿萝也感觉不太对劲，急忙收起眼泪，尴尬地咳了两声。

见气氛不对，聚会组织人凯哥端着酒杯站了起来，说："其实，今天到场的所有人，都经历过或者正在经历生活的折磨。但我们都选择了保持微笑；是因为我们依然有梦想，有期待，依然对未来热泪盈眶。"

听完这句话，绿萝愣住了，但是其他人居然都不约而同地扬起嘴角相视而笑。氛围瞬间就变得温暖而令人感动起来。接下来的时间里，借着酒劲，大家一一打开了话匣子。

凯哥因为坚持写作，错失了家中为他安排的好工作，也失去了家中的一切经济援助。年轻气盛的凯哥断绝了和家中的联系，只身北上。在他摸爬滚打的5年里，住过地下室，吃过馊馒头，好不容易接到一个大项目，准备衣锦还乡，却被告知父亲已经癌症晚期。当他从老家赶回北京时，项目也由于种种原因告吹。5年的努力像个笑话，除了对父亲的愧疚，凯哥似乎什么也没有得到。

从来都以一身旗袍加复古红唇出现的伽罗，气质非凡，谈吐不俗，浑身上下都散发着一股高雅气息。但就在1年前，伽罗却是个因为丈夫出轨，自己也遭遇流产的怨妇。见人就哭诉自己人财两失，直到说得别人厌烦，自己也厌烦，伽罗才痛定思痛，重新收拾自己的生活，成了今天我们看到的伽罗。

一直被绿萝视为精神偶像的百惠，年逾四十，一身棉麻长裙，素色发带把长发绾得一丝不苟，淡淡的微笑中蕴含着无穷的力量，仿佛没有任何事能激怒她，也没有任何事能伤害她。但就是这样一个柔弱的女子，靠着在网上发布文章，挣钱养活了常年瘫痪的婆婆和智力有残缺的儿子。虽然没了丈夫，但百惠依然在残缺的人生中活出了自己的模样……

有一句大家都耳熟能详的话：成年人的世界里没有"容易"二字。只要人想活着，想活出点样子来，生活会饶过谁呢？

人是情绪动物，在经历挫折和磨难的当下，大部分人都会怨天尤人，这是很正常的心理反应，因此必须给自己一点时间，去好好品尝生活的凌厉。记住痛苦，是为了让自己不再痛苦。

但你不要让自己太长时间沉浸在情绪里，毕竟那是没有意义的。生活本来就凌厉，不会因为你特别伤心而对你格外宽厚。你要做的是迎难而上，越痛苦，越要抓紧自己手中仅有的东西，它们也许是你好几年的工作经历，也许是你偶然认识的几个朋友，也许是你银行卡里最后的1000块钱。

难过和不甘也不是一无是处，只要你肯把它们从心里挖出来，垫在脚下，越垫越高，越走越稳，未来有一天你会发现，你完全可以笑着说出这些苦难，仿佛在那中间的人不是你自己一样。

那天的聚会持续了将近5个小时，绿萝的神情从沮丧变成感动，再从感动变成羞愧，最后是面带希望，热泪盈眶。

如果你觉得累，
就离成功不远了

我的一个朋友打电话跟我说，她熬不下去了，想要"逃离北上广"，回老家生活，想听听我的意见。我大吃一惊，作为同样在大城市打拼多年的人，我们曾经相互鼓励，走过了艰难的岁月，我很清楚她是什么样的人，如今她的工作已经大有起色，为什么还会产生这种念头？

她告诉我，没有别的原因，只是太累了。她留在这个城市，是为了实现她的梦想，为此，她每天上班8小时，下班后自己还利用业余时间写小说、剧本。就在最近，一家影视公司看上了她的一个故事大纲，准备和她签约，但是对方要她两周之内拿出5集剧本，剧本通过了才能签约。

两周时间写5集剧本，时间的确很赶，但如果专心致志，也不是完不成，如今机会近在眼前，我劝她一定要把握住。但她告诉我，当接到影视公司的电话后，她突然感到很疲倦，写不下去了。

她说她坚持了这么多年，梦想一直没能实现，已经分不清是在赌气还是想给自己这些年一个交代，自己都不知道是为什么留在这里，当梦想的机会出现时，也没有那么激动，感觉很无所谓。

我问她是不是真的不想写了，她说她也不知道，所以才来找我，问问我有什么意见。我想了想，跟她说起我发现的一个现象。

我每周都会跑两三次步，最开始体力差的时候，跑1000米，后来慢慢加到3000米、5000米，现在我的体力已经可以跑完10,000米了。

有趣的地方在于，当我把目标定在3000米时，跑到2500米的时候就觉得特别累，想停下来走过去；当我把目标定在5000米的时候，跑到4500米就不想跑了。也就是说，无论我的目标是长是短，当我快到达终点的时候，总会感到疲惫，特别想停下来歇一歇。

我问她是不是也有这种感觉，她想了想，发现的确是这样。我告诉她不只是跑步，在很多时候人都会产生这种疲倦感：项目做了很久，已经到了准备验收材料的环节，心里却总是提不起劲，感觉很疲倦；恋爱谈了很久，就要走向婚姻的殿堂，却在婚礼之前突然紧张、恐慌；为旅行准备了很久，即将出发，却在临行前突然产生无聊的感觉……

她问我为什么会这样，我开玩笑地跟她说，将来我去念心理学博士的时候，就以这个现象作为课题研究。至于现在，最重要的是振作起来。或许她当初只是想证明自己，或许当她实现梦想当上作家、编剧之后发现，那并不是她想要的生活，但一定要坚持完这一程。不但要加油，还要加码，请假回家，全力以赴地写。她对自己没自信，因为她从来没有这么高强度地写作过，她觉得自己做不到。

后来，我给她讲了这样一个故事：作为一名女性，查德威尔曾经成功横渡英吉利海峡，这一次，她想完成更大的挑战，从卡塔林那岛游到加利福尼亚。

查德威尔已经连续游了16个小时，刺骨的海水冻得她嘴唇发紫，长时间的运动，体力的大量流失使她疲惫不堪，四肢仿佛有一千斤重一样。查德威尔往前看去，只看到茫茫的大海，不知道目的地还有多远，她感到自己快不行了。

这个念头一产生就无法控制，她越想越累，体力也慢慢流失了。她想放弃了。

"我游不动了，把拉我上去吧。"

"坚持，只有1英里[1]就到了，再坚持一下！"

"不可能，前面什么都没有，我什么都看不见，我真的游不动了，快拉我上去。"

各种各样的念头不停地从脑子里冒出来，查德威尔最终还是放弃了挑战，上了船去。船飞快地向前开去，片刻之后，海岸线出现在她眼前——可是因为大雾，她看不见1英里以外的事物。

查德威尔追悔莫及，其实她的体力可以游完最后1英里，为什么不再坚持一下呢？生活中，成功与失败的差距往往只有一步之遥，但是人们常常会因为前面大部分的困难而筋疲力尽。这时，即使一个微小的阻碍也会让人产生放弃的念头，但只要咬紧牙关再坚持一下，胜利的曙光便会出现。

朋友听了我的建议，决定请假在家里专心写作。后来，她的剧本被搬上了电视荧幕，她的梦想实现了。

最后的那段路通常是一道难越的门槛，在我们历尽艰辛、

---

[1]　1英里约合1.61千米。

筋疲力尽的时候，即使一个小小的障碍都会把我们击倒。这个时候，意志力才是关键。

如果你感到很疲惫，想要放弃，说明已经快到终点了，不要停下来，再加一把劲，走过这段艰难的旅程，坦途就在前方。

自信从容，
是从内心生长出来的气场

年末聚会时，遇见了多年未见的琼姐。她还和以前一样，话不多，脸上带着让人舒心的笑。旁边一位打扮精致的女人拨弄着无名指上的钻戒，得意地对身旁的女人们炫耀："我都说了不用买钻戒，我老公偏要买，还是专门到香港免税店买的，他说这样才能配得上我们坚贞的爱。"

话里是满满的得意，让人忍不住翻白眼，明晃晃的大钻戒在一堆爱慕虚荣的女人面前晃来晃去。不过她好像还不满足，故意找碴似的向琼姐挑衅："我记得你结婚时，也戴了一个这么大的'鸽子蛋'，怎么不见你戴，不会是租来撑门面的吧？"

关于那个女人，我也有所耳闻。她本是琼姐的好友，两人同时考上艺术院校。琼姐靠自己的努力，一步步走上影视舞台，有了不小的名气。而她一心走捷径，只能靠整容、绯闻搏上位，在圈子里实在混不下去了，就找了一个60多岁的人成了家。

　　我以为凭琼姐的骄傲，肯定会毫不犹豫地反驳她。可是，琼姐只是扯了扯嘴角。后来琼姐告诉我，对于爱炫耀的人，不予理睬才是最有力的反击。

　　的确，对方准备了那么久，才发了狠话，原以为你会受到刺激，与她来一场旗鼓相当的正面冲突。没想到，居然连一丝水花也没有掀起，想一想都让人觉得委屈。

　　生活中不乏这样的人，她们天生爱炫耀，爱比较，偏偏自己又非常普通。她们不论走到哪里都不放过任何一个让自己成为焦点的机会，在新买的包包、衣服，老公的收入和小孩的成绩上满足自己的虚荣心。她们中也有的明明自己没什么能力，却偏偏不甘示弱，努力显摆那些认识的有钱朋友、亲戚来粉饰门面。

　　其实，真正的幸福往往不需要炫耀。看一个人缺少什么，就看他炫耀什么。正如一个人拥有了美貌，那么她在择偶方面就不会太注重对方的长相，相反会关注他的人品、学识以及其他方面的优点。人们欣赏的恰恰是自己缺少的那一部分。

　　当然，有些人就是通过向别人炫耀来获得幸福感。幸福是一种很抽象的感觉，往往是在某一方面得到满足时，不由自主散发出来的一种令人愉悦的情绪。

　　内心不够强大的人在炫耀的同时，也显现了自己的软肋。而真正强大的智者偏偏低调得要命，因为他们不需要通过别人的赞同来肯定自己。

从某种意义上来说，晒幸福就是亮软肋。你见过哪只老虎没事就秀一秀锋利的牙齿？它根本不需要这样做，因为人们早已知道它的厉害。

曾经有位朋友要装修房子，对于房子要装修成什么风格，他心里没想法，于是就分别参观了朋友家的装修。后来他告诉我，当他到做生意的朋友家时，一进门就看到一面古色古香的大书架，上面摆满了国学经典和世界名著。他当时感到自惭形秽，当了那么多年的老师，自己家里居然找不到一本名著。然而，当他上前取下书架上的书时，才发现那不过是书壳。那位朋友不好意思地挠头，说自己没读过什么名著，就是装点一下门面。

然而，假的就是假的，无论装得多么逼真，始终不是真的。偶尔满足一下小小的虚荣心还可以，若是入戏太深，反而会忘了真正的自己。

很多人拼命地炫耀，说白了就是想要拼命地抓住幸福。可真正的幸福都是简单、低调、平和的内心感受，太高调了反而太假，不真实。

正所谓大音希声，大象无形。真正的道理无须多言，真正的幸福也无须广而告之，它是你感到满足时的情绪外露，是一种由内而外、自然而然的真情流露，大张旗鼓地炫耀并不能让你的幸福指数提高。

所以无须炫耀，也无须比较，只要认真过好每一天，如此而已。

每个人终究都要学会独自长大

我的一个朋友K从事金融行业，他从一个偏远山区考上重点大学，从一个普通科员，一路奋斗到如今的中层经理，我很佩服他。

在一次聚会上，K和我说起这样一件事。K的父亲是一个贫困乡村的村支书，作风清廉，从没凭借权力拿过一分钱的好处，却肯为了给村里修路招商，应酬陪酒到胃出血。K的父亲有一股清高劲，一辈子抹不下面子求人，但为了K破了一次例。

K毕业那年，准备找工作，虽然他早早就考取了注册会计师证，但是，浓重的口音、土里土气的外表让他在面试时屡屡被拒。有一天，K的父亲打电话给他，还寄了几盒茶叶，让他给一个大公司的高管送礼。

对方以前受到过K的父亲的照顾，对K的父亲一直颇为感激。父亲这次为了K给对方打了电话，请求对方同意让K去他的公司面试。

父亲叮嘱K，不要以为有关系就有了保险箱，以后进了人家公司一定要好好干。于是K提着两盒茶叶，走进了那栋几十层高的大厦，见到了那位高管。K和高管的谈话只进行了5分钟，最后高管是这样结尾的："你现在还没有准备好，等你准备好了再来找我。"

高管的笑容很职业，语气也很客气，但K听出了话里的冷漠和蔑视，他的心一阵抽搐，那一刻，他的尊严、父亲的尊严都被人踩在地上。

是啊，他当然没有准备好，否则也不用父亲抹下脸来求人。他想要的不过是一个证明自己的机会，如果干不好，他会立马走人，可对方一点情面都不给。从那个大厦里出来之后，K只跟父亲说自己不喜欢这个公司。后来辗转到一家小会计师事务所，一个月2000多块钱。而他的同学大多在外企，起薪就是六七千。K从那个小事务所干起，用了十几年时间，成为一个基金经理。

K说这些的时候，口音依然很浓，但语气很平静。他说，从走出那座大厦那天起，他就知道这辈子永远不要期待别人。但他也不恨那个高管，因为高管没有做错什么。从那以后，K明白了一个道理，没有家人能够依赖，没有亲友施以援手，22岁的自己必须学会独自长大。

我完全同意他的话，不要期待别人来改变你的现状。如果别人肯伸出援手，那是美德，我们要感激他；如果别人没有帮助你，我们也不能怨恨，因为那不是他必须做的。你终究要学会独自长大，独自去抵抗人生的风雨。

歌德曾经说："我们虽可以靠父母和亲戚的庇护而成长，依赖兄弟和好友，借交游的扶助，因爱人而得到幸福，但是无论怎样，归根结底人类还是得依赖自己。"

当幼鹰长到足够大的时候，鹰妈妈会把它们从巢穴的边缘赶下深深的谷底。幼鹰会拼命地拍打翅膀来阻止自己继续下落。最后，它们掌握了作为一只鹰必须具备的本领。做人也是一样，一旦你认为自己有了依靠，就会失去决绝的动力，一遇到波折就会打退堂鼓，久而久之，就再也飞不起来了。

每个人的立场不同，观点不同，选择的方向和价值观不同，别人不可能事事、处处为你着想，替你分忧。

作家马德说过："我慢慢明白了为什么我不快乐，因为我总是期待一个结果。"

是啊，每个人都是渺小的，面对无尽的世界总有一种深深的无力感，所以才会期待第三方来救赎我们。看一本书期待它让我变得深刻，跑一会儿步期待它让我瘦下来，发一条微信期待它被回复，对别人好期待被回报……这些预设的期待如果实现了，就长舒一口气；如果没有实现，就自怨自艾。适当的期待可以理解，但过高的期待只会让人陷入欲望的泥潭，无法自拔。

有些路只能一个人去走，路再长再远，夜再黑再暗，也得独自默默地走下去。总把希望寄托在别人身上，只想沾别人的光，搭别人的顺风车，最终很有可能是一场空。所以不如把期望放在自己身上，从现在起树立目标，开始行动。

愿你从容也热血，
成熟却不世故

嘉雯是一个非常棒的女孩子。刚认识她的时候，只觉得她全身散发着快乐的光芒，笑起来的时候眼神清澈，容光焕发，一如孩童般纯真。古龙说，爱笑的女孩子运气不会太差。我一直相信嘉雯就是这样的女孩，直到一次偶然机会，嘉雯聊起她的经历，让我在喜爱她的同时，也对她钦佩起来。用一句话形容，她就是那种从容也热血，成熟却不世故的人。

嘉雯的家庭并不幸福，母亲比父亲大了整整8岁，父亲在一个不成熟的年纪就有了嘉雯。那时的父亲不懂得如何照顾和陪伴一个年幼的孩子，再加上母亲无休无止的抱怨和唠叨，父亲一到周末就逃出家，嘉雯成了母亲发泄怨气的唯一对象。母亲一不顺心就会责骂嘉雯，只要嘉雯稍加辩解，母亲就立即给父亲打电话，说嘉雯如何如何调皮，如何如何忤逆母亲，必须要父亲立刻赶回家亲自调教。

　　玩得正开心的父亲被一通通电话逼回家后，对嘉雯总是少不了一顿毒打。母亲为了达到进一步笼络父亲的目的，跟着父亲一起咒骂嘉雯。小小的嘉雯在那时就已经饱尝被世界抛弃的孤独和绝望，内心埋下了黑暗和叛逆的种子。

　　随着年龄的增长，嘉雯的内心对世界的抗拒也跟着疯狂增长。抽烟、喝酒、打架、逃课，这些坏学生常做的事，嘉雯全部都做过。但这些幼稚的反抗只会激起母亲的疯狂咒骂，所有恶毒难听的语言从母亲的口中冒出来，化成尖利的刀，扎在嘉雯的心上，即便嘉雯的学习成绩依然保持在中等偏上的水平，母亲也视而不见。

　　不仅如此，母亲还把嘉雯的行为添油加醋地在亲戚面前大肆宣扬，弄得所有亲戚都认为嘉雯是个"混世魔王"，一有机会就全家聚集，对嘉雯展开批评教育。母亲哭哭啼啼地诉说自己多么不容易，嘉雯就这样一次次被冤枉、误解，解释了无数遍还是没有人相信她。到后来，嘉雯不解释了，自己做自己的事，把恨默默埋在心底。

　　这样的状态一直持续到嘉雯27岁那年，唯一认可嘉雯并且一直疼爱嘉雯的姥姥去世了。嘉雯觉得自己的心也跟着死了，从此以后，她不想要亲情了。于是，在处理完姥姥的后事之后，嘉雯就只身南下，来到一个千万人都来过的追梦之城，准备一切重新开始。

可是现实又一次给了嘉雯残酷的警告，生活颠沛流离，工作处处碰壁，连身体健康也每况愈下，体检报告上各项指标都开始亮红灯。嘉雯在接连不断的打击中越来越颓丧，对任何人都不信任，对任何事都没兴趣，对世界的怨恨越来越浓重，总觉得所有人都看不起她，别人随意的一句话她都会解读成对自己的嘲讽。

慢慢地，原本漂亮的嘉雯变得越来越"丑"，不是五官变化，而是内心的黑暗爬上脸庞。

就这样熬了两年，嘉雯实在坚持不下去了，用仅有的积蓄找了一个心理医生。通过半年的治疗，嘉雯彻底看清了内心的挣扎，也非常清楚除非自己愿意自救，否则人生只会更加绝望。

于是，嘉雯开始尝试交朋友，从学会倾听和赞美他人开始，收获别人的善意，让自己开心起来；用完成一件小事来鼓励自己，让自己获得进取的能量；不再强求努力必须成功，不再要求为别人付出就一定要得到相同的回报，也不再苛求自己必须活成想象中的样子。不高兴的时候多看搞笑视频，用最廉价的方法来驱赶坏情绪；有空的时候不再对过去耿耿于怀，而是放空自己，去发现生活的小乐趣和小温暖，把自己的心灵喂得甜甜蜜蜜。

一段时间后，嘉雯不再颓丧，美丽的脸庞上重新出现了明朗的笑容。她开始觉得世界并没有她想象的那么糟，只要愿意打开心扉，放下心结，从泥潭里爬出来，就能看到不一样的风景。

从这些小小的美好中汲取能量，投入工作当中，嘉雯感受到了前所未有的专注和热情。这样的工作态度带给她节节高升的成绩，这些成绩又再回馈到内心里，变成对未来的期望和热情。

是世界变了吗？并没有。我们改变不了世界，只能改变自己。人生已经那么苦了，我们不必再自寻烦恼，让自己痛苦了。

清楚世界的艰难，也要相信自己足够坚强。是时候长大了，别再像个孩子那样不开心就哭，不得意就闹。经历过伤痛，就会懂得如何治疗伤痛；有勇气面对成长，就能学会如何快速成长。

愿你从容也热血，成熟却不世故。

你不是全能王，
别对自己太苛刻

某青年男演员曾多次在公开场合高调炫耀自己的博士学位，观众也一度以为这是娱乐圈少有的高学历演员，然而在一次直播中，他暴露了自己对学术的无知，学霸形象轰然崩塌，还牵出了一系列论文造假丑闻。

这件事闹得沸沸扬扬，该演员的地位也一落千丈，本该热播的影视剧纷纷下架，他本人也尝到了自己种下的苦果的滋味。

我认为，他太想维持一个全能的形象，想做一个有文化的演员、一个艺术家，但他得整天拍戏，四处奔波，哪有时间做学问、写论文呢？既然演戏和学业都不想放弃，他就选择了学术造假。但是，天下哪有鱼和熊掌兼得的好事？

追求全能的人，过分苛求自己，希望自己什么都会，什么都精通，容不得自己有半点不好，把自己幻想成完美的化身，只要发现自己有一点不是，就责怪自己，拼命地想去改变。希望自己被所有人接受，希望所有人都喜欢自己，只要别人有一点异样，就怀疑是自己的错。

这种苛求生活的心态是极不现实的，不但得不到想要的完美，反而会给自己增添无穷的烦恼。

娱乐圈里不乏放弃星途去深造的演员，比如因《武林外传》走红的某演员。在最红的时候选择去读博士，用了3年的时间潜心学习，拿到了博士学位。

正如前面那位青年男演员，如果他选择好好演戏或是暂时息影去读书，至少能够做好其中的一件事。

毕竟人的能力是有限的，什么都想要，什么都要完美，最后可能什么都得不到。

朋友是一家企业的设计师，他所在的公司是一家小型企业。虽然人数不多，但竞争也很激烈。好在朋友非常勤勉，除了做好本职工作，还自学了PPT制作技巧和文案知识。由于比其他人多了一项专业技能，所以他经常帮经理做一些简单的PPT，写工作报告以及培训总结之类的。他很快得到了经理的赏识，从普通的职员一跃成为项目组组长，加了薪，还成了公司骨干。

有一次，公司接到一个很大的投标项目，需要做一份比较专业、详细的标书文件。当经理推荐他做公司标书的时候，朋友明明不擅长数据分析，也没有做过标书，但是他不愿意在经理面前露怯，影响自己自己在经理心中的印象，就满口答应。结果由于不懂设计，也没有相关的专业理论。在做标书的过程中，很多专业理论知识只能从网上复制，而且数据分析得不到位，理论设计也很糙，最终导致公司标书被否定，错失良机。

这次事故不仅给公司造成很大损失，也让经理对他十分失望。

没有人是全才，每个人都有自己擅长和不擅长的地方，不必苛求自己。当你明明知道自己的短板，却偏偏心存侥幸，企图以小聪明来掩盖自己的缺陷和不完美时，最后可能只是自酿苦果。人最怕不自知。

真正聪明的人了解自己的短板和优势。该抓住机会的时候果断出击，不该逞强的时候低调谦虚，扬长避短，努力修炼。充分了解自己的现状，做出智慧的选择，达不到的目标不苛求，哪怕这目标看似不远，因为如果过分苛求而使自己陷入险境就糟糕了。别总苛求自己做太多能力以外的事，弄得自己疲惫不堪却毫无成果，以至于焦头烂额，气急败坏。就算你每天愁眉苦脸，绞尽脑汁想该做什么，现状也不会发生改变，反而原先能做好的一些事也做不好。

不要着急去实现梦想，如果没有足够的资本，没有充分的把握，先把梦想"束之高阁"，走好现在的每一步。未来很遥远，不要多想，累坏自己，先踏实做好今天的事情。请卸下包袱，轻装上阵。

记住，你不是全能王，别对自己太苛刻。

第八章

幸福属于早就懂得
人生本质的人

如果你一个人都过不好，
千万不要喜欢别人。

幸福属于早就懂得人生本质的人

"我觉得我最大的幸运，就是在年少的时候遇见了你、爱上了你，余生都是你。我不知道别人的故事是怎样的，但对我来说，如果没有遇见你，我过的就是另外一种不可预知的人生了。"

朋友的婚礼现场，当司仪问新郎有什么话想告诉新娘时，新郎想了一想，认真地说出了以上这段话。

另一个朋友在观众席上半是羡慕半是感动地说："真羡慕他们，为什么有的人的人生可以这么一帆风顺啊？看看这两个人，在学校同是学霸，在公司都是'精英阶层'，真是一对璧人。"

这是一个美好得像童话一样的故事。

她这种甜蜜的吐槽，令我想起了曾经看过的一段话："一个学霸，很大程度上可能也会是一个优秀的男朋友，一个顾家的好丈夫。他比普通人更早看明白了这个世界，更早领悟到什么才是人生最重要的。"

能以专注的姿态对待当下，能很好把控人生重点的人，在管理自己的欲望方面有着比普通人更强的意志力。因为在荆棘丛生的人生旅程里洁身自好，在眼花缭乱的复杂世界里守住本心，需要很强的精神定力。这种精神定力的前提是明白什么才是自己真正想要的。

正如一句话所说：很多时候，我们以为是自己的选择出了问题，事实上，是我们的认知出了问题。

那些令我们感到短暂愉悦的东西，比如放纵自己、推卸责任、逃避结果，更多呈现的是人的欲望、贪婪和软弱。这样的快乐注定只能短暂地停留在表层。

简而言之，那些真正获得幸福的人，其实常常看上去过得"不够精彩"，但是他们能体会到幸福的真谛，不但持久，还有淡淡的回甘。

因为常人所谓的"低级精彩"，不过是裹着糖霜的欲望罢了。

如果一个人有足够的分辨能力，便能清醒地知道，真正的"高级精彩"是一种简单的专注。这种简单的专注不会过分消耗人的情绪，反而更能令人看到幸福的实质。

那些能更早清醒的人有意识地敲碎了人生迷雾上的那层表面糖霜，理解了幸福本质。

这种包含着简与素的人生信条里，暗藏着一种大智若愚的智慧。

我还知道两对夫妻的故事，其中一对结婚的时候甜蜜恩爱，也是令人羡慕的一对璧人；另一对结婚的时候，却几乎不被任何人看好。然而，两对夫妻的结果令人意外地反转，当初爱得死去活来的那对夫妻，没过几年就离婚了；反而不被看好的那一对，婚后的生活日臻佳境，两个人越过越幸福。

事实上，在他们结婚之前，似乎就已经暗示了结局。第一对夫妻虽然是自由恋爱，但他们双方都没有定力，在一起只是因为新鲜感和激情。所以在结婚时，他们并不知道什么才是自己真正想要的。此后的人生里，他们被其他诱惑干扰，终于在折腾半生之后，把彼此消耗得筋疲力尽，工作、家庭、生活都出现了各种问题。

另一对夫妻早就清醒地知道自己在婚姻中到底想得到什么，什么才是最重要的。所以，他们从结婚伊始，就抵挡住了婚姻以外的各种诱惑和阻碍，从不轻易放纵自己的欲望，也因此少了许多不必要的麻烦。因为目标越专一，他们就越容易满足；因为越容易满足，日子便也一天天变好了。

这两对夫妻，一对是我的爷爷奶奶，而另一对则是我的父母。

观照他们的人生经历，我觉得有句话说得很有道理：越早清醒的人，越容易把住幸福的脉搏。

年少的时候，正因为很多人分辨不出什么是自己真正想要的，所以才在试错的路上浪费了太多时间。当然其中有的人很幸运，这种试错并没有影响他们的人生方向；有的人则很不幸，这种试错可能会让他们一生都因此错过触碰美好的机会。

这世上有太多人，因为清醒得太晚，等他们到了真正想要珍惜的时候，却发现生命中的很多东西已经沧海桑田。

相比向欲望妥协、自我放纵的人，明确知道自己要什么的人的精神定力更高，更能分辨在混沌的世界中，哪些是自己应该珍视和慎重看待的，哪些只是为了自我掩饰和放纵欲望所找的借口。

他们的人生里，没有太多自我消耗式的折腾，因而也不会有令自己无法纠正的遗憾和错误。

就像很多人在暮年回顾自己的一生时，会感叹原来其他的东西只是过眼云烟，只有健康才最重要一样。平凡如你或许在某一天也会幡然悔悟，自己曾经的追寻，也许只不过是当局者迷罢了。

倘若我们能早点明白，这世界真正令人幸福的其实不过是生活简单、目标专一，或许就能早点找回自己的天真，并在这种良性循环中，获得久违的幸福感。

喜欢另一个人之前，
你应该先喜欢自己一个人

　　有件事常常让我感到困惑，明明自己的恋爱经历寥寥无几，绝大部分时间都是一个人，但身边的同事、朋友却总把我当作情感专家，遇到问题总喜欢找我倾诉一番。看着一个个愁肠百结的女孩，拒绝的话自然说不出口，只得搜肠刮肚地寻找语言来宽慰别人，一回生，二回熟，我倒也琢磨出了一些门道。

　　学妹大学毕业后留在北京，一个人打拼，生活很寂寞。正在这时候，一个男人闯入了学妹的视野。男人各方面的条件都很好，学妹一下子就陷入情网，二人在相识几个月后便开始了同居生活。

　　然而，不久之后，两人之间的隔阂很快就显现出来。他们的性格差异很大，学历、家庭背景、社会经历也都有着不小的差异。学妹不会做饭，也不懂得妥善处理和男朋友父母的关系。两人在一起生活的短暂时光里矛盾频发，最终分手了。

我问学妹她希望自己的男朋友是什么样的人，她说希望对方体贴、包容、能帮她分担压力、懂事、不要给她添麻烦。我告诉她，男人也是这么想的，在一段关系中，如果有一方不成熟，那另一方就会感到很累，时间久了，自然就想逃走。学妹沉思良久，听懂了我的话。

喜欢另一个人之前，先喜欢自己一个人。一个人生活，一个人修炼，一个人成长，让自己变得独立，这样你就不需要太依赖对方，让对方感觉太累。让自己变得成熟，这样才有足够的智慧去应对生活中的矛盾；让自己变得坚强，这样你就不会在遇到挫折时手足无措。

如果你一个人都过不好，千万不要喜欢别人。不要幻想别人能把你带出泥潭，谁也没有义务来当你的救世主。要过好一个人的生活，这样万一有一天分手了，你一个人依然可以过得很好。

学会享受一个人的生活，并把它过得多姿多彩。如果你都不喜欢自己的生活，别人怎么可能会喜欢你呢？张开眼睛发现生活中的美，你会感到，一个人的生活并不可怕。

一个人的生活可以丰富多彩，你不用考虑对方的口味，想吃辣的就吃辣的，想吃甜的就吃甜的；你不用担心周末的安排跟对方有冲突，想去逛公园就逛公园，想去看电影就看电影。最重要的是，在一个人的世界里，你可以静下心来学习，提高自己。

但你不要只喜欢自己一个人，不要变得自私、孤僻，不要只学会了怎么好好地爱自己，却忘记了怎么接纳别人的爱，也忘了怎么去爱别人。

一个人的时候，做好身材管理，养成自律的习惯，不要每次想做什么就一定要做，想吃什么就丝毫不忌口。不要一方面羡慕着别人超模一样的身材，另一方面自己又不停地吃喝，从来不想对自己的身材进行管理。

一个人的时候，更要对家人好一点。等以后有了另一半，你陪家人的时间就没有那么多了。你要明白，即使身边所有的人都走光了，家人依然会在背后默默支持着你，不抛弃你。只有家人才是你最坚固的依靠。

不管你现在处于什么时期，不管你年龄有多大，不要轻易喜欢一个人，更不要随便谈恋爱。对自己要学会欣赏、喜欢，对感情要负责。不要因为看见别人甜蜜，就急于摆脱单身。不要为了填补内心的空虚和寂寞而去喜欢一个人，这对自己、对他人来说都是一种伤害。

在喜欢另一个人之前，请你先喜欢自己一个人生活。因为一个人的时光，是提升自我价值的最好机会。学会自己去解决问题，处理好一个人时的情绪，保持对生活的热忱，学会反思自己的错误，做到了这些，你才能够认识更好的自己。

不要浪费一个人的时光，好好享受一个人的生活，这样才能不负未来，遇见更好的你。

敢于去爱，才会收获爱

在很多人看来，有的东西因为得到时太过轻易，就会失去它原本应有的神圣感和期待感，以及对它的那份珍惜。

"爱"渐渐变成了一种奢侈品，它因为被各种戏谑、分解而令人看轻，在真实世界里失去了它本该具有的那份虔诚。

一个朋友结婚前告诉我，成年以后，她发现爱情和婚姻需要区分来看。所以，她情愿选择一个和自己没有任何情感联系的人结婚，也不希望自己付出感情，最后落得伤痕累累的下场。

她后来果然在相亲平台上选了一个看起来还不错的男人，两个人以闪电般的速度结了婚。

她说："你瞧瞧，切断了对情感的期待，我就不会再对对方的表现有什么期待，我与他的生活也不会有频繁的冲突，两个人都可以在各自的世界里自得其乐。"

我知道她年少时候的故事。那时候她与男友谈了很久的恋爱，最后却因为一次信任危机而分手。后来她才知道，是自己之前误会了对方，可是，她并没有向他道歉，更没有挽留的意思。

用她的话来说，这样爱一个人太累了。她不想在往后的生活中患得患失。对她来说，对一个人投入过度的耐心与时间，不如就此作罢。

她因此消沉了一阵，封闭自己的内心世界，不谈风月，只看得失。面对没有太深感情的丈夫，她当然可以狠心，可以不在乎，可以不必投入太多耐心和柔情，也避免了受伤的可能性。

当然，她看到别人甜蜜的场景时，也会怅然若失，总觉得现在这样的生活似乎缺了点什么，但这样的缺失感，远远敌不过她内心深处对安全感的渴望。

为了不承受失去的痛苦，所以她干脆不要。

或许，这也是现在很多人的想法。

在他们看来，感情已是一种理性层面上的东西，需要放在心灵的天平上衡量，让自己占有绝对的领属地位。他们认为每一次付出都有的放矢，才能在婚恋生活中占据高点。

那些曾经为恋人离去、旧情流逝而付出的坚守，在现在的认知里变成了"傻"的代名词。

只是，她在杀伐决断时，似乎不曾意识到，真正的情感不仅是乏味生活的调味剂，更是人类存在的本质，是人类精神生活的刚需。

那些令人或感动或害怕的部分，常常正是人们所匮乏的部分。

因为缺乏爱别人的勇气而总结出来的"成熟"通道，并不能让她迈向真正的成熟，它只是在面对遗憾时总结出来的一种自保方式。

事实上，爱的本质是一种把自己融入他人的冲动。我们的一生都会因此拥有一个柔软的部分，拥有对这个世界的耐心和感动。

在真正的情感里，我们会想让自己变得更好，也想对另一个人好。这种与他人产生的生命联结，能够抵抗一个人的孤独。

真正的爱是利他的，而那些世俗的爱情观大多是利己的。

世俗的爱情观教会了我们如何在不丧失自我的前提下，与我们要相处一生的人形成互惠互利的契约关系，在两性相处的过程中争夺领导权。但实际上，这就是一桩披着婚姻外衣的生意。

我们奉为圭臬的信条，实际上早就背离了爱的实质，只是不敢投入爱的粉饰。真正的情感，应该是博大而通透——弄懂了它的人，应该无惧与另一个人的生命发生联系，反而会因为与另一个人形成了无法挣脱的羁绊，而愈发迫切地要修炼自己这颗平凡的心。

有人说，对的人，就是让你变得更好的人。其实，很多感情开始时，当事人并不会提前知道到底是缘还是劫，但他们有勇气去追逐，有勇气去修复自我，彼此就有了温暖、治愈、接纳对方的可能性。

真正独立的个体，会在爱中得到完整和真正的自由。这种爱情，必须被时光洗礼后才能拥有它该有的亮光。正如真正的平静，需要在风嘶海啸、山崩地裂之后才能领悟。

如果爱是一种信仰，那为爱全力以赴的勇气和本真，便是我们从此岸摆渡到彼岸的心舟。

跋涉于幽暗混沌的人世，当我们从心灵深处对同行的另一个人产生感情，并学着换位思考时，并不是失去了自我、即将落入伤情的藩篱，而是超脱自我。

真正获得爱的人，一定都是襟怀坦荡，无惧投入的。但行好事，不问前程。

好的爱情，
会使人得到成长

　　过了30岁大关后，朋友一直被父母催婚。严防死守了好多年，她终于也有点顶不住父母的十八路花样攻势，于是，在她下定决心要选择一个人共度余生之前，她问了我一个老生常谈的问题：如果要结婚，你是选择爱你的人，还是你爱的人？

　　我听她说，她毕业参加工作后，遇到了两个人。姑且叫他们A先生和B先生。A先生很温柔，他承诺永远在她身后等待，等着她随时召唤，不强迫她接受他的爱。朋友坦言，在A先生身边她感觉很温暖、很放松，而且，他追了自己那么多年，也不是没有感动的，但又觉得自己与他之间少了一点感觉。

　　另一个追她的是B先生。她和B先生在一起时，是喜忧参半的，她甚至常常会觉得B令她有压力。因为B先生是她们行业的技术强人，会在技术细节和个人能力上对她严格要求，敦促她成长，希望她早日独当一面。

在她遇到问题时，B先生永远让她自己先想办法，然后才在细节上点拨她。

为什么B先生要给她这么大的压力，而不直接帮她呢？她不止一次问过B先生这个问题。而B先生的回答永远是——她足够聪明，只要她想，她就一定能做到。他懂她的倔强、她的骄傲、她的才华。他让她一定要相信一个铁律——那些杀不死你的，才能让你更强大。面对问题，B先生用的是激将法：难道你除了逃避，就没有更高级的方法来解决了吗？当她向他倾诉工作中怎样被利用、被陷害时，B先生告诫她：这就是你过于天真的结果，成年人的世界里，不需要廉价的善良和天真。

但等她擦干眼泪之后，B先生会帮她分析问题，和她一起解决问题。他像她的后盾，有他在，似乎专业上的问题永远都有支撑点。

反观A先生，他是怎么做的呢？

每次她遇到问题时，他给予的陪伴就是"吃一顿大餐"。似乎在A先生眼里，她并不需要独立。A先生对她的感情更多的是心疼、怜惜，还有不甘心。

因为明白她的处境，所以我知道她问出的那个问题背后，隐藏着什么样的信息。

每个女人在进入婚姻之前，都渴望安全感。只不过，这样的安全感，也有高级和低级之别。

正如作家廖一梅所说的那样："在我们的一生中，遇到爱，遇到性都不稀罕，稀罕的是遇到了解。"

A先生和B先生最大的差别，就在于他们对一个女人所需要的"安全感"的理解不同。一厢情愿的A先生已经被禁锢在自己的视野和认知之中，他无法想象，自己这样全方位无死角的保护为什么会被拒绝。他为她遮风挡雨，难道不是婚姻里最大的保障吗？

A先生没有意识到，每个人都有独立意识，他爱的方式，对一个有独立意识的女性来说，已经不再舒适了。

作为一个独立的个体，她需要的不是几顿大餐，一份礼物，也不是一个避风港，一个无微不至照顾她生活的人，而是一种尊重和信任。

而B先生却读出了她内心真正的渴望，引导着她一步步成长为她想要成为的那个人。他懂她，知道她不甘心只做男人的附属品，她希望对方把自己当成可以平等对待的竞争对手。她要的是自己完成任务的那种充实感和成就感，就像她自己所期待的那样。

所以，她说不明白为什么B先生总对自己有一种无形的吸引力，因为他令她知道了一件事——"我的能力潜力在哪里，我可以成就多好的自己"。

B先生会逼她去面对这个世界，也会鼓励她。他的爱就像涓涓细流一样，让那个曾经在人生路上遇到任何一点阻力就赌气、生气、逃跑的她，一点点地变了，她变得更坚强、更强大了。

在与他相处的过程中，她开始一点点累积自己的底气，抵达专业上更高的领域，获得更辉煌的业绩，成就更好的自己。

当时觉得很累，但回过头来想想，这才是潜移默化中为她提供真正的安全感。

其实，从我的朋友身上，我们也可以反观自己，明明内心觉得自己真的很爱一个人，但为什么在现实中轻易就选择放手了？一件事明明自己也可以做到，但当男人帮我们做了之后，久而久之，是不是就折断了那双让我们自己飞翔起来的翅膀？

B先生用更长远的视角，让我的朋友想明白，一个人该如何爱另一个人，又该如何让自己成长起来，有能力与优秀的伴侣并肩而立。

爱上只需要一眼，而成为彼此人生的一部分却还有很多步要走。时光会改变很多东西，唯有两个更强大的人，才能守住爱情。

亲密关系中要警惕情感PUA[1]

闺密是家中的独女，深受父母宠爱。

在她谈恋爱之前，她的人生之路没出过什么太大的意外，一直顺风顺水。

和所有幸福故事的开头一样，她平稳地考上了大学，并在研究生期间交了男朋友。

大概上天总是要给相爱的人一点考验，谈恋爱前，男朋友明明非常喜欢她，在一起后，却对她越来越不满意。

一开始，男朋友嫌她性格太过大大咧咧，只顾自己舒适而不注意生活细节；接着便批评她生活态度不积极，安于待在在当下的舒适区，一点也没有继续学习、提升自己的主动意识。

类似这样的争执几乎成了他们的家常便饭。虽然这种批评让她觉得难过，但每次只要男朋友在微信上说一句软话，她便马上

---

[1]　Pick-up Artist的简称，原意为搭讪的艺术，现在多指情感操纵。

原谅了他之前的恶言恶语。

在朋友看来，她几乎算是一个有着"恋爱依赖症"的人，甚至有朋友气得说她这恋爱谈得"简直毫无自尊可言"。

在大家都以为她已经适应这种相处模式时，没想到某一次，男朋友又劈头盖脸地训斥了她一顿后，她突然一声不吭地拉黑了他，断绝了与他之间所有的联系。她像是瞬间想通了，再也没和男朋友有什么联系。

闺密的朋友不相信她突然这么有勇气了，忍不住向她求证。她说："不知道为什么，以前总想着迎合他，努力达到他的要求，现在却忽然一下子改变了想法。"

她的经历令我想起了一句话：没有突如其来的分手，只有不想忍耐的决心。

有时候，你一厢情愿地对一个人好，按他的要求努力去改变自己身上的缺点，努力做得更完美。可是你会发现，不论我们怎么改，他还是有可以批评我们的地方。这些批评和否定，会令你越来越不自信，越来越暗淡无光，越来越怀疑自己的能力，慢慢陷入一种自我否定的恶性循环。

在这样的负面情绪包围下，你会越来越虚弱，越来越不敢离开一个人，因为对方制造出来的那种高高在上的姿态，会蒙蔽你的双眼，让你潜移默化地认为他给自己的这份爱，对你而言是一种恩赐。

这样的情感关系，从一开始就是不对等的，这是一种情感PUA。

每个谈恋爱的人，其实都渴望安全感。因此很多人认为，在爱情这种亲密关系里，好像只要证明了我比对方强，自己就会占得优势地位，获得一种心理上的优越感。

在亲密关系里，总在挑剔别人的那个人，他的潜台词是，我的思维方式和生活模式要比你的更高级。通过对恋人的否定，他获得了自己的安全感，却让对方丧失了安全感。

我曾经听过这样一个故事，一个过去很高傲的男人问如何赢回自己老婆的心，他说道："她太柔弱了，特别依赖我。以前我经常责骂她，可能骂得有些过分，但我说这些都是为了她好，事后她也承认我说得对，比她有主见，但为什么还要离开我？"

这是他在这段亲密关系里仅有的反思，足以证明在挑剔批评伴侣这一点上，他从未反思过。试想，爱你的人即使嘴上承认你说得对，难道她的心就不会受伤了吗？

真正持久的爱，必定是势均力敌的。在感情中双方需要有来有往，这是一种平衡。

那些把伴侣当作孩子一样去训斥，动辄便把伴侣教训一番的人，即使出发点是好的，在自尊被伤害太多次后，伴侣也会渐渐与他们离心离德。

爱一个人，本身就需要巨大的能量，一个不停被别人否定的人是无法给爱人提供能量的。他所能做的就是依赖对方，像抓住最后的救命稻草一样抓住自己的身边人。

但在这样的循环里，哪怕伴侣勉强接受了你比她强，你有权对她指手画脚的事实，这种暂时的退让和服从还是无法令你获得情感的满足和真正由爱带来的充实感，反而会让你对另一半更加不满。

有些总是挑剔别人的人本身并不真的比别人优秀，只是喜欢对他人指手画脚。那些局限在自己的小圈子里、没有半点技能的人，照样眼高于顶、愤世嫉俗、怨天怨地地过一辈子。

这样的人，很大程度是因为他们本身个性不宽容、眼界太狭隘，他们有极强的控制欲，活得不轻松，不快乐，所以才要在别人身上找成就感，靠否定别人来释放自己的焦虑与虚弱。

真正优秀、有修养的人不会随便地否定别人，相反，他们会抱着最大的善意来发现别人身上的优点。

戈特曼曾经总结说："打败爱情的，是细节。"对那些最初相爱的伴侣来说，最后导致他们分手的原因，往往不是遭遇大的困难，而是那些日常细节的累积。

日复一日，热情被消耗，细节就会累积成大问题。一个人失望多了，心也就凉了。爱是积累来的，不爱也是。

那些先离开的人，并不是戒掉了"恋爱依赖症"，只不过是触底反弹时忍痛割爱了。

不纠缠，
是放过对方也是放过自己

闺密宁宁最近跟我倾诉一件事。她朋友的老公出轨了，在朋友和另一个女人之间游走纠缠，朋友内心痛苦，却又做不了决断。

宁宁问朋友是不是还对这段关系抱有什么幻想和期待。朋友坦言说自己活得太强硬，不会温言软语，这种丁是丁卯是卯的姿态让朋友觉得很吃亏。朋友自知这种太过强势的性格不适合恋爱，但偏偏又做不到决绝，即使当下生气，狠心也不过是片刻，待对方回头央求一番，朋友便再次心软了。

朋友痛苦纠结的样子令宁宁很感慨，说："倘若换作我，如果一个男人不爱我了，我必然不会对他再有半分留恋。"

宁宁的话令我想起一句不算称赞的称赞：你的忘性可真大，能像没有受过伤的人那样生活。当然，宁宁并不知道，她与那位朋友的不同之处在于，在她的自我意识中，并没有多少别人的位置。

宁宁日常要学插花、养多肉盆栽、做烘焙、画画、读书、写文章，种种爱好占据了她很多时间，用她的话来说——做这些事情才是她的主业。

女人首先是自己，其次才是别的身份，比如妻子或母亲。

简而言之，她不是一个真正意义上"合格"的妻子和母亲，因为当别人的妻子和母亲只是她生活的一部分，而不是全部重心。她内心深知，社会标准里真正意义上的"合格"，在某种程度上而言，要以牺牲自我为代价，去成全别人的人生，比如丈夫的人生、孩子的人生。

所以，宁宁当然不会像她那位朋友那样，因为一个男人没有把自己列为唯一待选对象，而感到痛苦万分。在她的精神世界里，有着比这件事更快乐的自留地。

她不需要像家庭出了问题的女人那样去潜心学习如何取悦男性、夺回老公的权谋之术，这并不适合她。

强迫自己、压抑自我去做出迎合别人的牺牲，对那种自我意识已经觉醒的现代女性而言，是比独自生活的焦虑感更可怕的精神折磨。

宁宁说："不能忘记自己是谁。"

宁宁的那位女性朋友的痛苦，其实不仅仅在于老公的游离态度。她的痛苦还在于，这种游离打破了他们夫妻之间已经磨合好的平静，扰乱了他们正常的生活，影响了她对未来的构想，让她陷入不安。

按别人教她的道理，如果她要挽回丈夫的心，就必须拿出捍卫者的姿态，使出比另一个女人更温柔、更得体、更低眉顺眼的手段来，才有可能将离间自己感情生活的第三者赶走。

当然，这还需要有她丈夫的助力。如果丈夫不能将心的天平倾向于自己，那她这些委屈自己的讨好，便统统都会成为沉没成本。

有很多像她一样的女人，当她们放低姿态去和另一个女人争夺一个背叛自己的男人时，会禁不住从心底生出一种"人间不值得"的感慨。

她们并非因为纠缠在事件中而痛苦，而是因为纠缠在患得患失的情绪中而痛苦。她们想要快刀斩乱麻地结束一段关系，却因为成人世界的太多规则而畏葸不前。

其实，有太多人皆因被"大团圆""夫妻要和睦"的意愿绑架了太久，所以在生活出现变故时，宁可牺牲自己的真实感受，

也要维持"和美"的表象。

事实上，在一段感情中，真正的强者，应该有一种"不害怕全心全意，但也不惧失去"的姿态。相比那些在感情中委曲求全的人来说，能坚守这种初心和底线的人，会活得比左右摇摆的人更轻松。

很多感情的失败，都是因为左右摇摆，不敢确定自己相信的，不敢放弃自己该放弃的。当我们无法坚守自己的原则，反复折磨自己和对方时，一方面加速了感情的死亡，另一方面也会令对方彻底看轻我们，因此失掉了那原本可以以退为进的可能性。

事实上，每个人面临的情感问题不同，需要做出的选择也不一样。只有当自己具备足够的自我判断的能力时，才有把握情感的可能性。当然，每个人在情感中都要学习、成长、改变，这是维系感情本应该去做的，而不是在另一个人背叛自己时才需要的。

我们本来就需要修炼那种置之死地而后生的勇气——"我知道最坏的结果无非就是彼此分开，但我并不害怕独自成长"。

真正有自我意识的人，才不会只为别人而活。那种在自己的世界中自得其乐，而不把所有的宝都押在另一个人身上的人，才能慢慢培养出明辨是非的能力，生出拒绝把感情寄生在他人身上的勇气，从而拥有说走就走的勇气。

这个道理，男女皆如是。

这世间的爱情，相敬如宾确实是最优雅得体的结局，但你若无情我便休，亦是留给彼此最后的体面，是每个人在一段已经死亡的情感中，应该持有的姿态。

清醒一点吧，
谁也没有义务负担你的人生

朋友小D毕业于一个很不错的学校，专业热门，但是她毕业多年，已经快30岁了，却还做着入门级的工作，且她干的每份工作时间都不太长，时间最短的一次，和上一份工作之间，居然只间隔了20天而已。

其实小D为人没有什么不好，聪明漂亮、性格柔顺，唯一的缺陷是太多情。她投入一份感情的时间太快，那些追求她的男性不用费什么力气地说几句甜言蜜语，她就信了。进入新公司没多久，就被一个男同事追求成功，小D和男同事偷偷摸摸谈起了恋爱。

在工作上，她似乎异常脆弱。每每给自己打气说要好好做手头的项目，刚踌躇满志没几天，就被工作上的难题吓住，各种抱怨。男朋友发微信哄她"你不用怕，将来我养你"，她就沉浸在他给的这种"深情"里，幸福得不得了。

从此，工作时，她就捧着手机读言情小说，看言情剧，完全沉醉在对浪漫爱情的向往里。点开她的朋友圈，就会发现，她常常转发标题为"真正爱你的男人，一定会做的几件事"这类文章，在日常生活中更是把"一个男朋友要做到的三大纪律、八项注意"时时刻刻挂在嘴边。

在她的世界里，爱情来势汹汹，如电视剧一般夸张。但是过了最初的甜蜜期，她就开始各种烦恼了：男朋友的工资不够高，不够上进，出去玩时对她不够照顾，某个雨天因为加班忘了送她回去，等等。

她时常半夜12点在朋友圈里感慨北漂生活的不易。她说，想找到一个真正意义上的好男人，免去她奋斗的辛苦、生活的艰难。

但事与愿违，男朋友没过多久就和她分手了。问及原因，他说，因为她对爱情的愿景和期待太高了，自己满足不了。譬如在公司，但凡遇到一点麻烦，她就会打电话向他诉苦，一开始还好，但只要在她倾诉时，他稍微流露出一点不耐烦的情绪，她就会大发脾气，拿他以前的承诺来反问他，问他为什么承诺过要保护自己，在遇到问题时却什么也做不了。

事实上，恋人能在一起，本质上就是相互安慰、相互扶持。

她对生活和爱人有那么多的抱怨和不满，是因为她渴望通过找到一个爱人，解决人生所有的难题。

这是典型的巨婴式想法。好的情感关系从来都不是寄生式的，而是两个强大的人构建同盟。

有的人认为，一个女人，只要没有什么野心，心地善良，与世无争，就可以获得自己想要的美好生活。

在我年少的时候，我也曾相信这一点。我曾经也认为，世界上的一切，都是浪漫的，只要做梦，不需要触碰生活的真实本色和坚硬质地，不需要靠自己奋斗，让那些爱我的人来保护我就足够了。

但这种梦很快就碎了，逼迫你清醒过来。

当我深入生活的肌理之后，明白了别人的不易，也就更懂得了正是因为这个世界上有风霜剑雨，人与人之间才要相互体谅、相互扶持。

但小D一直沉浸在对别人的期待里，总希望通过爱情来一劳永逸地解决全部的问题，所以才会一直碰壁。

小D还以为是自己选择男友的眼光有问题，事实上，是她对这个世界没有一个清醒的认知，以至于30多岁，仍然如无根浮萍一般无法安定下来，还在寄希望于通过一场婚姻来拯救自己。

在她的理想里，生活应该像一份精美的礼物，而爱情就是打开这份礼物的捷径。她对情感的期待越高，想要从情感中索要的回报就越多。在她的观念里，这个世界上复杂的人和事，无处不在的压力，你死我活的竞争，都需要由爱她的人去解决，而她只需要有一颗真心，就应该被生活优待，被别人奉养，永远也不能被辜负。

以前看过一句话：**成人的世界，并没有谁比谁活得更容易。性别和爱情的借口抵挡不了残酷的现实。当生活的伤口被撕开时，该自己去面对的只能自己去面对，旁人并不能代替。**

那些岁月静好、美满幸福的童话故事令我们心生向往，但是，合上书我们仍然要面对这个世界施加给我们的那些不堪和真实的鸡毛蒜皮。

对那些希望通过男朋友的保护解决自己所有问题的姑娘来说，爱情的失败已经成了她们伪装自我的借口。她们以楚楚可怜的形象示人，只会获得别人偶尔的同情，但是很难真正改变不好的处境。

她们被男人的甜言蜜语打动，到最后却总是俗套地陷入对爱情的幻想中，而这份幻想很有可能会成为她的软肋。男人们耗尽耐心后，会坚决地离开她们。

　　这个世界的竞争有时候就像是一个修罗场，在其中厮杀，是一场孤独的自我战斗。命运从来都不会因为性别对女性网开一面。在真实的世界里，没有谁是另一个人的避难所。希望从来都不是别人给的，抛弃所有想要自我逃避的借口，一点点积攒属于自己的力量才能在某种程度上远离那些焦虑和不安。

　　真正的美好是别人提供不了的，它必须由自己靠内心一点点去寻找，必须由自己在时光中一点点创造，通过枯燥的、单调的、重复的、看起来不那么浪漫和美好的奋斗慢慢成就。只有这样，你才会得到一种来自灵魂深处的强大，才能找到一份真正坚实的感情。